旅游景区规划及
智慧化建设创新模式研究

徐若然 著

全国百佳图书出版单位
吉林出版集团股份有限公司

图书在版编目（CIP）数据

旅游景区规划及智慧化建设创新模式研究/徐若然著. -- 长春：吉林出版集团股份有限公司，2023.4
ISBN 978-7-5731-3230-7

Ⅰ.①旅… Ⅱ.①徐… Ⅲ.①旅游区—风景区规划—研究 Ⅳ.①F590.3

中国国家版本馆 CIP 数据核字 (2023) 第 067153 号

LÜYOU JINGQU GUIHUA JI ZHIHUIHUA JIANSHE CHUANGXIN MOSHI YANJIU
旅游景区规划及智慧化建设创新模式研究

著：徐若然
责任编辑：沈丽娟
技术编辑：王会莲
封面设计：周　凡
开　　本：787mm×1092mm　1/16
字　　数：138千字
印　　张：7.5
版　　次：2023年4月第1版
印　　次：2023年4月第1次印刷

出　　版：吉林出版集团股份有限公司
发　　行：吉林出版集团外语教育有限公司
地　　址：长春市福祉大路5788号龙腾国际大厦B座7层
电　　话：总编办：0431-81629929
印　　刷：三河市金兆印刷装订有限公司

ISBN 978-7-5731-3230-7　　　定　价：45.00元
版权所有　侵权必究　　　举报电话：0431-81629929

前 言

伴随我国经济的飞速发展，人们的生活水平也有所提高，因此就有更多的人将关注点放在了提高生活品质方面，而此时走出家门，到各地旅游就成为人们的首选，由此推动了旅游行业的飞速发展。一座城市最基本的功能就是旅游，旅游在人们的日常生活中也起到了非常重要的作用，同时近些年旅游需求的增加使发展旅游行业更具客观条件。与此同时，网络信息技术的迅速发展，使得智慧旅游在整个行业中占据重要地位，同时也极大地促进了旅游行业的发展。智慧旅游在以上各种因素下迅速成为政府重点发展的对象，也就是说智慧旅游在未来的发展中更具前景。智慧旅游是一种创新旅游模式，通过信息技术改变过去的传统交往方式，将其变成数字化处理模式。此种模式能极大地促进信息交互，保证信息的精准性、及时性与灵活性。作为一种全新的模式，智慧旅游早已被应用到旅游发展中，智慧城市，是一种结合旅游和城市发展创新的旅游概念。

智慧旅游是一种智能化模式，一经推出便得到了大众的普遍认可，为旅游行业提供更多的机遇，使智慧旅游的管理与服务更智能、更高效，除此之外，其在联系上下游产业链的过程中也推出了很多衍生功能，这样的旅游模式对于整个旅游行业的发展意义重大，同时也让旅游者体验到更舒适、更智能、更高效的旅游活动。无论是我国还是其他国家早就对这种经济模式下所衍生的发展机遇有了充分的了解，因此便开始积极发展智慧旅游。

近几年，我国旅游行业的发展十分迅速，并在发展过程中形成了更加完善的旅游产业链，在经过各种旅游模式后，旅客的旅游观念与消费观也慢慢发生了转变，他们更青睐多样化的旅游产品。旅客的关注点也从单一的赏景、探新慢慢转向更有参与意义、体验感极佳的旅游活动。基于此种背景，旅游景区的发展就需要相关负责人站在旅客的角度，将旅游体验与感受作为重点，对景区的整体要求进行重新规划，进而创建和目前旅游发展要求相一致的景区规划模式。智慧旅游的发展十分迅速，由此也为旅游行业带来了新的生机，基于此开设智慧旅游景区，通过各种现代科技及网络终端系统重新定义景区的经营方式、旅游设备以及旅游服务等，从而确保资源共享，以此种形式重新设计优化景区内部服务设备，使景区名声越来越大，也让游客在体验真实的旅游服务过程中满意度更高。

  鉴于此，笔者撰写了《旅游景区规划及智慧化建设创新模式研究》一书。本书共七章，相继为读者阐述了旅游景区与景区规划、旅游景区设施规划与管理、旅游景区娱乐规划设计、旅游景区购物规划设计、旅游智慧化的发展历程、旅游智慧化模式构建的理论、新数字技术（5G 技术）驱动下智慧景区建设的创新模式。

  笔者在撰写本书的过程中，借鉴了许多专家和学者的研究成果，在此表示衷心感谢。本书研究的课题涉及的内容十分宽泛，尽管笔者在写作过程中力求完美，但仍难免存在疏漏，恳请各位专家批评指正。

目录

第一章 旅游景区与景区规划 1
第一节 旅游景区及其规划类型 1
第二节 旅游景区规划的模式 11
第三节 可持续发展理念在景区旅游规划中的体现 16

第二章 旅游景区设施规划与管理 22
第一节 旅游景区设施规划 22
第二节 旅游景区设施运营管理 24

第三章 旅游景区娱乐规划设计 28
第一节 旅游景区娱乐概述 28
第二节 旅游景区娱乐项目的规划设计 30

第四章 旅游景区购物规划设计 34
第一节 旅游景区购物概述 34
第二节 旅游景区商品与购物环境设计 37

第五章 旅游智慧化的发展历程 48
第一节 从智慧城市到智慧旅游 48
第二节 智慧旅游的"智慧"之处 52
第三节 国内外智慧旅游发展演进 68

第六章　旅游智慧化模式构建的理论 ························· 73
第一节　旅游智慧化模式的要素支撑 ······················· 73
第二节　旅游智慧化模式的架构设计 ······················· 79
第三节　旅游智慧化模式的评价体系 ······················· 84
第四节　旅游智慧化建设的重点 ··························· 88

第七章　新数字技术（5G 技术）驱动下智慧景区建设的创新模式 ········· 92
第一节　5G 无线网络基本原理与关键技术 ··················· 92
第二节　5G 技术在旅游景区的应用及成效 ··················· 95
第三节　5G 背景下智慧旅游景区的优化路径 ················ 101

结束语 ·· 107

参考文献 ·· 109

第一章 旅游景区与景区规划

第一节 旅游景区及其规划类型

一、旅游景区的概念和类型

(一) 旅游景区的概念

关于旅游景区的定义尚未形成一致的说法,这种众说纷纭的局面是由于"旅游"的定义尚未得到统一而造成的。在阐述什么是旅游景区之前,有必要对"旅游"先进行界定。旅游活动极其复杂,旅游理论研究有待发展,国际流行的旅游定义不下几十种,本书采用张凌云的观点,即旅游是人们在非惯常环境(Unusual Environment)下的体验和在此环境下的一种短暂的生活方式[1]。

根据上述"旅游"的定义,以及我国旅游景区的实际运营状况,本书所讨论的旅游景区是以旅游体验对象、旅游服务设施、管理和服务人员为主要构成,为开展参观游览、娱乐休闲、康体健身、科学考察、文化教育等各种非惯常环境下的旅游体验活动提供场所,与相应服务的、有确定范围的独立管理区。

旅游景区是旅游者获得旅游体验的重要场所,也是所购买旅游产品的核心内容。旅游景区是旅游者产生旅游动机的直接因素之一,是一个国家或地区人文资源和自然资源的精华所在,也是旅游目的地形象的重要窗口。

旅游景区已形成了旅游业的半壁江山,各种类型的旅游景区构成了观光、休闲度假与专项旅游结合得较完整的产品体系[2]。

---

[1] 张凌云. 非惯常环境:旅游核心概念的再研究 [J]. 旅游学刊, 2009, 24(7): 12-17.
[2] 罗浩, 冯润. 论旅游景区、旅游产品、旅游资源及若干相关概念的经济性质 [J]. 旅游学刊, 2019, 34(11): 116-123.

(二) 旅游景区的构成要素

旅游景区至少由下列要素构成。

1. 旅游体验对象

旅游体验对象是能对旅游者产生吸引力，能够满足旅游者旅游体验需要的各种事物和因素，是吸引旅游者前往该景区的最根本要素。旅游体验对象可以是物质的，也可以是非物质的。物质旅游体验对象泛指一切物质的自然和人文旅游景观，诸如山岳、水体、生物、建筑、寺观、田园风光、民俗村寨、主题公园等。非物质旅游体验对象则是某地将要或正在进行的具有吸引力的活动或事件，如奥运会、博览会、服装节、泼水节等，以及舒适宜人的环境、文学艺术中描绘的一种意境等。

2. 旅游服务设施

旅游服务设施是旅游者能够在景区顺利开展旅游活动的凭借物，通常包括两类，即基础设施、接待服务设施。其中，基础设施有门禁设施、交通设施、水电气热供应设施、排污设施、信息设施、环卫设施和风险防治设施；接待服务设施则包括住宿设施、餐饮设施、购物设施、康乐设施、导识设施、环境景观设施、休憩设施等。

由于旅游是人们在非惯常环境下的体验和在此环境下的一种短暂的生活方式，因此景区必须满足游客的体验需要和游客在体验过程中各种短暂的生活需要，景区经营者除了开发建设旅游体验对象外，还必须提供吃、住、行、游、购、娱等多项配套设施和服务，景区由此而形成了一个"五脏俱全"的小社会。

3. 管理和服务人员

本书所讨论的旅游景区是有确切范围和行政组织的独立管理体，像任何一个有组织机构的单位一样，景区必须配备能够使组织运转的管理和服务人员，这些人员包括高层管理人员、中层管理人员、基层管理人员和一线员工。其中，高层管理人员，即景区的董事长、总经理、副总经理等，对景区发展战略、经营管理全面负责。中层管理人员，如各部门经理、各部门负责人等，在景区经营管理方面承上启下，既是本层面运行的决策者，又是上级命令的执行者，他们要带领团队完成各项工作任务，对景区服务质量水平和景区竞争力的提高至关重要。基层管理人员，如领班、组长等，既是景区整体利益的代表，又是其下属员工利益的代表。一线员工，分为三类，技术人员，如工程技术人员、园艺师、设备维修人员、专用设备技术人员以及演职人员等；服务人员，包括售票员、验票员、讲解员、咨询员、售货员等；其他工作人员，如保安员、医务人员等。

（三）旅游景区的特征

1. 地域性

旅游景区是一个独立的特殊的空间场所，具有明确的边界。它的门票范围通常为其经营服务的地域范围。地域性还表现在旅游景区的地域差异性上，即由于自然、历史、社会、文化、环境的影响而导致旅游的景区特征的差异性。

2. 体验性

旅游是人们在非惯常环境下进行的体验，旅游景区是为游客提供特殊旅游体验的场所，其最主要的功能就是满足游客旅游体验的需求。这种体验可能是轻松愉快的，如观光游览、休闲度假、娱乐健身等，也可能是惊险刺激的，如蹦极、坐过山车、险滩漂流等，还有可能是具有一定挑战性的，如攀岩、探险等。

3. 服务性

旅游体验对象、旅游服务设施是旅游景区实现其产品价值的载体。旅游体验对象的品质再高，如果没有景区经营者建造旅游服务设施，提供优质的管理与服务，营造安全的体验环境，是不可能得到满意体验的[1]。

（四）旅游景区的类型

按景区资源的属性将旅游景区分为七大类（见表）。

---

[1] 白子怡，薛亮，严艳. 基于GIS的旅游景区空间分布特征及影响因素定量分析：以云南省A级旅游景区为例[J]. 云南大学学报（自然科学版），2019，41(05)：982-991.

旅游景区分类表

景区大类	具体景区类型
自然景观	森林公园、地质公园、自然保护区、野生动物园等
人文景观	文博院馆、寺庙观堂、民俗园等
现代游乐景区	主题公园、游乐园、微缩景区和海洋馆、表演中心等
历史遗产景区	古文化遗址、古生物化石、军事遗址、古建筑、名人故居、历史村镇等
休闲度假区	滨海、滨湖、山地、温泉、滑雪和高尔夫等运动场所等
节事庆典	博览会、交易会、节事、赛事、社会活动、宗教仪式、企业活动等
工农业旅游区	农业生态园、农家乐、工业生产线、工业生产点等

旅游景区的分类不是绝对的，还有许多其他分类方法，现有的这些类型随着旅游业的发展和旅游景区产品的不断改造和创新，其属性和类别也将会发生一定的变化。

二、景区规划建设运营工作流程

旅游景区是一个提供旅游体验活动的场所，有相应的服务，有确定范围的独立管理区。通过投资决策、立项审批、规划建设、人力资源配置、管理服务、营销推广，旅游景区实现从无到有，再到发展壮大的经营运作过程。

根据旅游行业特点和项目开发建设的客观实际情况，旅游景区开发建设流程大致可分为三个阶段：前期筹划准备、中期工程建设、后期开业运营。其中，前期筹划准备工作：资源调查、合同签订、机构架设、项目策划、规划设计、立项审批；中期工程建设：筹措资金、工程施工；后期开业运营：开业准备、日常经营。三个阶段的工作期各自独立，却又相互承接，形成一个完整的工作流程。

景区规划建设各阶段的工作内容有以下几个方面。

(一) 资源调查

投资商对一项旅游资源或项目感兴趣，到决定进行旅游景区投资，需要一个投资决策的过程，在这一过程中，最重要的是对旅游资源的评价及对旅游景区项目开发价值的评价。投资商在与旅游资源控制方签订合同前，事

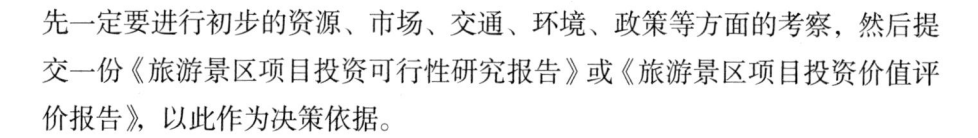

先一定要进行初步的资源、市场、交通、环境、政策等方面的考察，然后提交一份《旅游景区项目投资可行性研究报告》或《旅游景区项目投资价值评价报告》，以此作为决策依据。

（二）合同签订

旅游景区开发，一般会涉及风景名胜区、自然保护区、重点文物保护单位、森林公园、地质公园，甚至世界自然与文化遗产。这些资源都有完全不适应市场经济发展要求的非产业化的法律法规，对旅游景区经营有极大的限制。景区的开发经营者必须与资源的管理部门签订景区开发合同，取得旅游特许经营权、划定红线、确定景区的开发用地和建设用地，并就门票收益、项目开发与招商、核心土地购买等问题达成合法的具有可操作性的协议。

（三）机构架设

合同签订后，为了使各项工作有序开展，应立即着手组建开发管理团队，并建立开发运作的管理构架与管理制度。

开发管理，应包括开工准备、建设管理、开业运营三方面。这三方面是完全不同的工作，不可能由同一批人全部顺序完成。景区通常会成立景区筹建处，设立前期工作部、工程管理部、景区管理部三个业务部门。

（四）项目策划

项目策划不是旅游规划，而是项目设计及项目开发运作的策划，主要解决主题定位、市场定位、游憩方式设计、收入模式、营销模式、运作模式、盈利估算、投资分期等问题。

（五）规划设计

规划设计是建设开工前的重要工作。项目策划完成后，或与此同步进行，应该聘请专业机构，编制《旅游景区总体发展规划》，或者直接编制控制性详细规划，可以包含部分需马上动工区域的修建性详细规划。旅游景区规划不是简单的建筑工程规划，它包括投资计划、社会效益、环境保护等内容。

(六) 立项审批

前期工作部的重要工作之一，就是取得政府的各项批文。批文包括：发改委立项；可行性研究报告审批；规划评审；市级、省级、国家级重点扶持项目立项与申请；国债项目、农业项目、旅游项目等特殊扶持申请；规划委批准；土地规划审批；建设土地的招、拍、挂与征用；合同中政府承诺的落实；施工图的审查；建设准备与报建批复等。

(七) 筹措资金

建设投资之前，应该确定合作伙伴，落实投资种子资金。一般而言，项目建设资金不能全部靠企业自有资金，应积极进行融资和招商引资，用少量种子资金启动项目，利用项目融入建设资金。信贷资金是建设资金最重要的筹措来源。根据投入前期资金与建设需要资金的缺口，积极进行银行融资。

(八) 工程施工

在工程施工期间，以项目经理为首和项目法人机构负责协调各方，监督、控制工程进度与质量，保证工程按设计要求和合同要求完成。项目工程结束后，项目法人要组织验收工作。

(九) 开业准备

开业需要人财物齐备，并且还要有切实可行的营销方案。开业工作由景区管理部负责，它应在工程竣工之前，就着手进行营业准备工作，以缩短景区工程竣工到正式开业的时间。其工作内容：筹集营运资金；招聘、培训员工；采购生产物资，建立供货渠道；制订营销计划；健全规章制度等。

(十) 日常经营

景区正式开业之后，各部门按照职责进行日常接待管理，为游客提供入门、导游、交通、娱乐、吃住、购物等服务，维持正常游览秩序，保证景区安全有序地经营。日常经营还有一个极为重要的方面，就是财务管理。年度财务计划、每日财务收支核算等都是必不可少的。

三、我国旅游景区开发现状

(一) 旅游景区数量增长迅速，类型丰富多样

我国疆域辽阔，地形复杂，气候多样，历史文化内涵深厚，民俗风情多元，具有丰富多样的旅游资源，为旅游景区快速增长奠定了开发基础，形成了景区数量多、类型丰富的特点。此外，随着我国旅游业蓬勃发展，社会各界认识到它对经济发展的贡献，各级地方政府都加快了发展旅游业的步伐，或将其作为支柱产业来培植，或将其作为先导产业来发展，因而各地大力进行旅游资源的开发，形成了一批又一批新的旅游景区。

(二) 旅游景区质量持续提升

在文化和旅游部的大力推动下，我国旅游景区的质量管理水平显著提升。《旅游景区质量等级的评定与划分》(2016年最新修订版)、2021年《旅游景区质量等级评定管理办法》等一系列政策法规和措施促进了我国旅游景区的质量管理水平加速提高，景区的精品意识和品牌意识也逐渐加强，旅游景区正在由量的增长转变为质的提升。

(三) 旅游景区经营方式不断创新

随着旅游业的发展和旅游市场竞争的日趋激烈，不同景区都在根据旅游者需求的变化，创新经营机制，在寻求差异、打造特色、整合资源、锻造品牌等方面不断进行创新尝试，以提高景区的吸引力和竞争力。

四、我国旅游景区的发展趋势

(一) 竞争全球化

旅游景区的发展与经济发展密切相关，在全球经济一体化的大环境下，旅游景区的竞争也日益全球化。全球化竞争既给中国旅游景区带来无限商机，也带来巨大挑战。《中国入境旅游发展报告2020》指出，2020年上半年我国入境游客接待1454万人次，同比下降80.1%。其中，入境过夜游客和外国人入境游客下滑幅度同样超过八成。届时，我国旅游景区的发展将面临国内和国际两大阵营竞争的压力。国内景区希望能占有更多的市场份额，而其他国家的景区则通过各种营销手段希望将客源从中国分流出去。我国旅游景区参与全球化竞争的形势较为严峻。

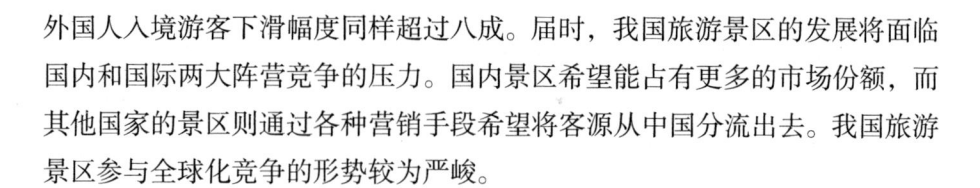

（二）项目同质化

随着我国加入世界贸易组织，我国与世界其他国家在旅游规划与开发方面的交流大大增强，越来越多的国外专家介入中国的旅游规划编制中。如海南省、山东省、安徽省、厦门市等都聘请了世界旅游组织的专家编制当地旅游发展总体规划。这一方面使得国内旅游规划借鉴吸收国外的精华，但另一方面也容易导致国内景区项目特色的弱化，甚至消失。另外，世界知名旅游景区和旅游企业的经营行为产生的示范效应使得旅游项目的生命周期迅速缩短，新奇性大大降低，如美国迪士尼乐园和法国嘉年华的全球化经营取得了可观的经济效益，各地竞相模仿，使主题公园类景区的游乐项目同质化，降低了对游客的吸引力。景区在编制旅游规划时，必须立足于全球化视角，充分研究展现旅游景区的个性、特色，不仅要在国内具有突出的个性，而且要在全球范围内具有一定的独特性和旅游吸引力。

（三）运作市场化

我国旅游景区的规划开发正在经历由资源导向阶段向市场导向阶段的转化。景区的产品和项目开发要以满足市场需求为准则，已成为景区规划开发者的共识。景区在建设融资方面也越来越多地尝试市场化运作，政府、企业、社会三方面的资金共同投入景区的规划建设中。部分旅游景区还以法人身份进入资本市场，发行股票上市融资。

（四）管理专业化

目前，我国不少旅游景区管理政出多门，如森林公园归口林业和草原局，文物景点归口文物局或文化局，景区的经营管理者也多由这些管理局委派，这些管理人员在旅游业务知识和管理能力方面大都有所欠缺。此外，除了接受归口单位的行政管理，景区还要接受行业管理，多头管理体制降低了管理效率，非专业管理人员也不利于景区经济效益的实现。四川雅安碧峰峡尝试经营权与所有权分离的经营形式，随后又相继出现了桂林漓江、湖北神农架等部分景区经营权拍卖，都取得了较好的效果。实现专业化管理有利于景区资源的优化配置和永续利用，使景区的社会效益、经济效益、生态效益协调发展。

(五) 项目生态化

工业文明带来的现代生活节奏不断加快，给人们的心理和生活环境造成的负面影响不断加剧，人们希望回归自然并追求良好生态环境的愿望也日益迫切。在回归原始生态的市场需求驱动下，旅游景区的项目设计也日趋体现出生态化。

项目生态化表现在项目主题生态化和项目要素生态化两个方面。主题生态化指的是项目主题能够增强旅游者保护自然的意识，增进旅游者与自然之间的了解和交流；要素生态化指的是项目要素取自天然，对人体和自然环境无害。此外，景区的布局要体现人与自然和谐相处的规划理念，景区的经营管理也要体现对自然生态的关注和对人文生态的关怀，实施人性化管理。

五、我国景区规划的类型

景区规划一般分为三类，即景区总体规划、景区详细规划和景区专项规划。

(一) 景区总体规划

景区总体规划指的是为了开发、保护、应用并经营管理景区，为其能在多个领域发挥作用所开展的具体规划与统筹部署。

景区总体规划的任务包括如下几点：第一，基于旅游资源调查评价按照政府规定的政策与经济发展需求，探讨景区资源的特点与社会经济技术条件，从而制定景区的发展战略。第二，明确景区的性质。第三，划分景区范围和外部保护地区。第四，划分景区功能区。第五，制订保护与开发风景名胜资源的方案。第六，明确景区游客容量以及游览活动的管理规划。第七，对景区整体格局、绿化以及交通水电等设备进行统一规划安排。第八，开展投资预算工作并对预期效益进行分析。第九，开展环境经济与社会影响分析评估。

景区总体规划中也包含了一些专题规划内容，如调查旅游资源、开发利用资源，调查研究客源市场，设计旅游活动路线，开发旅游产品、制订保护景区环境计划、培养旅游管理人才等。

景区总体规划的核心内容是解决景区的发展定位、规划布局和旅游产品建设，是对景区未来10~20年的宏观规划安排，为景区的各项建设提供规划指导。景区总体规划具有宏观性、前瞻性、协调性、创新性的特点。

(二) 景区详细规划

景区详细规划又可细分为控制性详细规划和修建性详细规划。

1. 景区控制性详细规划

景区控制性详细规划是在总体规划的指导下，对特定建设区域编制控制性详细规划，供景区行政管理者对景区开发进行控制与引导。

景区控制性详细规划的核心内容是给规划区内所有需要建设的活动安排合适的用地，制定合理的土地开发强度要求来保护景区。景区控制性详细规划具有承上启下的作用：对上，遵循景区总体规划的要求进行建设；对下，对具体项目的设计、施工提出要求，并具有指导性。

景区控制性详细规划一般分为三类：游览区控制性详细规划、建设区控制性详细规划和城镇控制性详细规划。

2. 景区修建性详细规划

景区修建性详细规划是对景区当前要建设的地段，编制修建性详细规划。景区修建性详细规划的任务：在总体规划或控制性详细规划的基础上，进一步深化和细化，用以指导各项建筑和工程设施的设计和施工。

(三) 景区专项规划

景区专项规划是指景区为满足某些具体建设内容的深度要求，对某项要素进行专业规划设计。景区专项规划类型：景区旅游产品策划、景区道路规划设计、景区绿化规划设计、景区环境整治规划、景区指示标牌规划、景区资源保护规划等。

第二节　旅游景区规划的模式

景区规划的模式与我国旅游开发的模式基本一致。我国旅游开发始于 20 世纪 80 年代初，经过 40 多年的发展，景区规划的模式由单一的资源导向型不断扩展，目前已有的景区规划模式：资源导向、市场导向、形象导向、产品导向四种，不同的景区规划模式也造成了不同的旅游景区开发建设模式。

形成多种规划模式的根源在于，景区规划人员的专业学科背景不同，从不同角度提出了规划模式的创新，为景区规划实践提供了更多的理论。随着各专业规划人员的相互交流、碰撞，不同的规划模式之间也在相互取长补短。

一、资源导向模式

资源导向模式起源于我国旅游规划的起步发展阶段，即 20 世纪 70 年代末至 20 世纪 80 年代。资源导向模式主要由地理学、风景园林学为背景的规划团队主导。资源导向模式强调旅游资源在旅游开发中的主导作用，旅游资源被置于十分重要的位置，旅游景区的开发建设围绕资源的分类、评价以及特色分析而展开。资源导向模式的特色体现在关注资源、环境本体，并进行科学保护与展示，不追求旅游产品差异性。

该模式是以分析旅游开发地的资源特色和品质为主，对市场、政策和开发配套条件考虑不足。此模式最适合旅游资源品位高、吸引力强的旅游景区，如世界遗产、世界生物圈保护区、世界地质公园、国家重点风景名胜区、国家地质公园、全国重点文物保护单位等类型的景区。

因为这类区域的旅游资源有较高的品质，自然就更容易吸引到很多前来游览的旅客，就算未经过人工开发也通常由于其优越的地理位置以及良好的基础设备条件而更具吸引力。这类景区的规划与开发重点不单纯是开发旅游市场、健全配套设备以及科学安排旅游人力资源，同时还需要关注到应该采取何种方式才能更好地开发旅游资源以确保其中的价值能尽量被发掘出来。这样的旅游模式注重整体规划旅游资源，而这种开发模式也可以被当成其他模式的范本，因此十分值得关注。

在此阶段中，旅游资源是开展旅游规划分析的重点与基本理论，主要内容包括旅游资源的定义、划分标准以及开发利用等，这一系列构成了旅游资源的基本观念。此阶段所分析的旅游目的地规划建设基本以资源评价为基础，同时开展对风景名胜区的规划，突出了景区的重点地位。景区规划任务建立在相应的经济社会文化背景下，同时结合当地的自然、地理与历史等自然资源来吸引游客，根据游客的需求，进行人工开发，构建有当地特色的旅游景区。

将资源作为导向开展旅游规划分析和实践，旅游资源是规划的中心，而地区和市场通常只能作为背景，一般情况下，极少有人关注到旅游目的和市场需求，这样就会导致旅游资源的开发毫无目的。除此之外，以资源评价为基础的资源导向模式通常会充分利用当地的特色景点来吸引游客，所以针对旅游资源丰富、旅游品质高的旅游地区应用此种模式更有实际意义。一些旅游资源薄弱的地区并不重视资源价值的进一步开发应用，因此，更容易失去旅游发展的先机。

资源导向型的规划范围：风景名胜区的规划、自然森林公园的规划、文物保护区的规划等。

二、市场导向模式

市场导向模式是基于市场意识的提升和旅游景区建设实践中的成功与失败的案例而提出。具有优势的旅游资源大多已经被开发，但是部分景区发展不理想；而随着旅游需求不断增长，旅游市场不断扩展，一些旅游资源并不突出的景区也逐步得到开发，并获取成功，从而打破了唯旅游资源论的开发模式。

市场导向的旅游规划与开发应该尽量避免过于依赖当地的旅游资源，同时应将发展的重点放在旅游市场的需求方面。有些地区因为地域优势非常明显，同时游客市场丰富，这些地区就成为旅游景区争相建设的热门地区，比如，在某一个时间段，建设主题公园就成为某些地区的景区建设重点，这也为我国主题公园的建设打下了基础。此时期的旅游市场开发慢慢被各专家与学者关注，详细划分旅游市场，按照相应的市场需求开展个体化的规划与开发，并在旅游景点推出对应的旅游产品、服务等，这些都是景区规划人员需要研究的重点。将资源作为基础，把市场导向当成规划模式的基本定义，也就是说，旅游规划慢慢将重点放在了资源与市场的彼此结合与相互作用上，同时更加重视旅客的需求和体验，这也从侧面说明景区的开发与建设过程中体现了相应的人文关怀。

市场导向模式在旅游行业发展中所起到的促进作用不言而喻，但是现在我国经济的发展十分迅猛，一切都以经济利益为主，这就导致了市场导向的利益发展模式在一定程度上受到了限制。在旅游规划中，市场导向是以市场需求为基础的研究，同时结合当地的旅游资源，将市场需求为导向，开发出个体化的旅游产品，从而取得最佳经济收益，同时也能保证社会效益与生态效益。虽然社会、经济与环境的高度统一是景区规划的目标，然而由于利益关联，使得市场导向规划设计极易变成获取经济利益的方式，就会导致其以游客市场为导向，以游客需求为主导，开发创建出很多盲从的项目。所以根据当前的情况来看，并非全部的旅游规划都是以游客的需求为主的，很多旅游开发商的真正目的是引来游客，从而提升消费水平以获取一定的经济效益，这样的开发模式对当地的社会、环境效益和游客的旅游体验来说是非常不负责任的表现。市场调查研究通常也只是以大部分人的共同需求为主，对个体化需求并不关注。除此之外，市场导向的观点极易被忽略，其关系到旅游资源和市场，如果评估旅游资源还是唯资源论资源，就会使其评估的真实性有待考察，进而孤立了资源开发和市场分析，也就导致了旅游规划和开放市场导向空有其表。

市场导向模式过去是开发已有的，而发展到现如今早已变成了根据需求来开发。经过调查研究旅游市场发现，精准发掘游客市场，了解目标市场的需求，然后再评估研究领域资源就能确保旅游资源和市场需求无缝衔接。

三、形象导向模式

形象导向模式是基于大众化旅游已经普及、旅游景区数量已经饱和或者过剩，从而形成了激烈的市场竞争的大背景而出现。在激烈的市场竞争中，各旅游目的地很容易陷入旅游增长缓慢或者倒退、经济效益不佳的困局。

经过研究发现，游客对旅游目的地选择并不总是决定于资源和市场因素，旅游目的地的独特性、美誉度以及形象口号等因素可能更为重要。在这种情况下，塑造独特的旅游形象，在市场中形成独特的旅游品牌，才能抢占市场。形象导向模式通过对景区形象的塑造和提升来实现景区在区域中的差异化定位。形象导向应对当地文脉及特色、区域内其他景区的形象和特色、区域发展趋势等进行综合分析，在此基础上，找出景区自身的优势及特色，提出景区在今后较长时间内的发展理念及方向，以形象为核心开发旅游要素。

从资源及市场导向过渡到形象导向，旅游规划和开发中的内容也随之逐渐增加，而开展资源规划的相关专家的背景也相应地表现出复合型的变化。伴随旅游规划的不断更新，旅游规划专家们得出这样的结论，优越的旅游资源和市场需求的旅游产品并非随处可见，同时游客在选择旅游地的过程中并非仅以上述因素作为参考，相对而言，他们更加重视旅游地的开发程度、美誉度、知名度以及景区的对外形象等。因此，旅游规划和开发工作必须将解决旅游综合形象问题作为第一要务。

形象导向模式站在系统开发的层面，整体规划旅游景区的形象和发展，经过提高旅游地的外部形象来整合当地的旅游资源，同时达到可持续发展的目的。规划工作者需要以旅游目的地整体作为切入点，深入开展资源评价、主题选择、市场定位、营销策划等，将这些因素结合在一起，然后制定一个相同的目标，使其发挥相应的作用。基于此类的旅游规划和开发的理念，就可以将旅游地打造成一个健全而统一的旅游形象，然后在旅游市场中以适合的渠道传播相应的理念。良好的旅游形象能给人们留下更深刻的印象。此类旅游地必然会在激烈的市场竞争中取得领先地位，从而达到快速发展的目的，立刻步入新的高速增长期。形象导向模式下的旅游规划和开发通过当地的外部形象寻求市场发展，其基本发展思路为"资源—形象—市场"。

形象导向型旅游规划调查研究了旅游目的地形象的现状，并以此定位旅游地的形象，通过 GIS 理论设计旅游地的外部形象感知系统和形象传播系统。因为形象策划在市场营销中是不可或缺的部分，因此，严格意义上来说，此种模式应该称之为市场导向模式[1]。

---

[1] 李蕾蕾. 旅游地形象策划：理论与实务 [M]. 广州：广东旅游出版社，1999：13-21.

四、产品导向模式

产品导向是旅游业发展到资源、市场、产品和营销一体化的成熟阶段时出现的模式，实质是资源导向与市场导向的结合。

产品导向规划模式是继市场导向模式后产生的层次较高形式的旅游规划模式，是伴随着我国休闲旅游发展而产生的。

现在，我国城镇化的速度越来越快，人们的生活品质和以前相比也有了明显的提高，人们开始慢慢享受生活，由此旅游的观念也逐步深入人心，相应的消费观念与旅游意识更加成熟，观光旅游经过资源层次开发提供的产品相对较少，毫无创新性，对于人们越发多样化的旅游需求，这些旅游要素显然已经无法满足人们的需求，层次更高的旅游活动项目与旅游主题则成为更多旅游爱好者的追求。市场需求决定了旅游规划工作者需要改变传统的规划方案，把规划的重点从过去的资源与市场慢慢转变到开发具有创新观念的旅游产品中，并尝试将旅游产品在创新性设计的基础上更具价值，从而为游客提供更好地体验，这就是产品导向旅游规划模式的重点任务。

产品导向规划模式也是以当地旅游资源条件和市场需求为立足点，经过对当地极具特色的旅游产品进行规划后达到引导游客消费的目的，其规划思路结合了"市场—资源"路径，然而对比资源与市场导向模式，此种模式的主动性更突出。现如今，人们的休闲意识崛起，显然这样的模式更贴合个体化旅游需求。在实际规划过程中，产品导向模式通常是以人工开发的方式来打造旅游产品，从而满足市场需求的，因为这种模式几乎不依赖特色旅游资源，所以和其他更具资源价值的旅游产品相比并不具优势，甚至有些地区不具备传统意义上的自然与人文资源开发能力，而选择产品导向模式开展旅游规划与开发也是一种尝试性的突破，其中不乏一些成功的典型案例，比如美国迪士尼乐园等。

经过上述研究发现，旅游景区的规划模式从过去的单纯开发利用旅游资源，慢慢将关注点放在市场需求上，然后又转为将旅游产品的创新开发作为重点，这是一个动态变化的过程，究其根本是因为各个时期的社会发展背景不同，人们对旅游的需求也不尽相同，这就使得各个时期的主导性规划有一定的差异，同时在研究重点、方法以及规划内容等方面都自成一脉，然而整体看来，其最根本的因素都是资源和市场决定的，同时核心目标都是能与旅游发现需求相匹配，从而处理现实中遇到的问题。

产品导向模式是从分析市场出发，精准定位旅游客源市场，针对旅游客源市场的特点，有资源则对资源进行选择或再创造，没有资源则根据市场和本地的经济实力进行策划和创意，然后对景区进行规划设计，并通过各种营销手段推向市场。

第三节 可持续发展理念在景区旅游规划中的体现

一、可持续发展理念概述

(一) 可持续发展的内涵

1987年，世界环境发展委员会提出了"可持续发展"的概念，并得到社会大众的普遍认可，他们认为可持续发展不但能够满足当代人的需求，同时也不会对后代人的发展带来损害。在此基础上，人们可以站在人的需求、资源限制以及秉持公平三个层面，强化对可持续发展的认识和理解。人类的需求与欲望是无穷无尽的，然而资源却并非如此，因此，在开发资源的过程中坚持可持续发展原则是必要的。

(二) 可持续发展的原则

可持续发展理念以三个主要原则来确保可持续发展。其一为保证生态均衡、环境质量达标、确保生态环境的可持续性。其二，人们的价值观和文化修养相一致，从而确保社会与文化的可持续性。其三，不允许为了发展经济而破坏环境，确保经济与环境的可持续性。

二、旅游景区可持续发展的内涵

现在旅游活动已经成为人们生活中不可或缺的一部分，同时也是社会经济发展的产物，其在内容、规模以及开展形式等方面也会伴随社会经济的不断发展而发生改变。很多西方国家从20世纪60年代开始就逐步进入工业化，由此带来的是物质丰裕的社会，国民旅游活动的发展也呈现出大众化的趋势。在此之后，伴随全球经济的发展，旅游也成为全世界各个层次的人都可以消费的，而伴随旅游规模的壮大，发展旅游业在为景区带来一笔不菲收入的过程中也给当地的环境、社会和文化等带来了相应的挑战，甚至有些挑战的影响是负面的。这样一来，研究旅游景区的可持续发展对于人类的生存而言就更有现实意义。在分析旅游景区可持续发展前，明确旅游景区可持续发展这一定义非常重要。

经过参考国际旅游建设发展专家对可持续发展的定义后，笔者认为旅游景区的可持续发展指的是一种发展模式与路径，其包括如下几点：①旅游景区可持续发展必须立足于景区的长足发展；②旅游景区可持续发展必须明确景区的开发者、经营者、管理者以及社区居民等利益关联者的社会职责；③旅游景区可持续发展必须协调好旅游发展与生态自然环境、游客与居民利益、当代人与后代人长足发展间的关系。不置可否，旅游景区最终是否能够达到可持续发展依赖于景区内的旅游活动的开展，不但我们这一代如此，在未来的每一代都应该这样。也就是说如果想要实现这一理想目标，必须从我们这一代做起，同时确保每一个后代都需要坚持下去。然而旅游景区是否能够取得可持续发展，实际上离不开社会大众的共同努力，而非仅由旅游景区本身的行为决定。全球多地都有实际案例证明，有关破坏旅游景区与自然资源环境的问题，需要追究责任的除了游客和旅游开发者等，还包括各种污染自然环境的当地社会群体。

三、旅游景区可持续发展的体现

旅游景区能否取得可持续发展，依赖的是其背后的各个层面的环境的可持续发展。实现环境因素的可持续发展事实上体现的是可持续旅游发展的实现程度，其主要由以下几个方面组成。

(一) 生态环境的可持续性

开展旅游活动，可能对旅游景区的生态环境产生各种负面影响。为了保证可持续发展，就要在开发与发展旅游业的过程中，尽量防止破坏自然及环境资源，这对于社会整体实现可持续发展有积极意义。为了做到可持续发展，就要尽量避免旅游活动破坏生态环境，而最简单的做法就是按照当地的生态环境特点，评价其可持续发展能力。

（二）社会环境的可持续性

社会环境的可持续发展指的是一个旅游景区在容纳游客的过程中，各个社会职责也能正常开展，维持社会状况的健康与平稳，并且不会由于这些游客的到来而对景区当地的社会发展带来不稳定因素，或者社会可以通过相应的社会职责合理地把控这些不稳定因素。就此方面而言，旅游业的发展对当地的社会起到的影响是负面的，就是催生出原本并不存在的社会阶层，抑或破坏原本稳定的社会阶层，主要表现是加大了旅游发展中的受益者与非受益者间的阶级差别，对旅游者、当地居民的生活区和当地富人及穷人区产生更深的隔阂。为了解除这种不良社会现象，在开展旅游活动和从事旅游活动经营前必须对其进行整体规划，这是确保当地旅游景区可持续发展的重要前提。

（三）文化环境的可持续性

旅游者等外来人口的进入带来的是各种各样的文化差异，同时会对当地社会带来一定影响。假如来访者的规模较小，那么对当地的影响程度并不大，所以相对而言仍然能够维持一定的平稳状态，那么当地的各种社会职能还能保持平稳的运行状态。然而在大多数情况下，社会中的各种关系、人类间的生活方式、交流模式、风俗文化等都会受到外来游客的影响，这时，尽管该社会仍然可能保持平稳运行，然而其文化的变革却可能会呈现出无法转圜的局面。虽然文化上的动态变化在人类生活中是不可避免的，然而以上文化的改变对于当地社会的发展可能是负面的。为了防止出现这种不良影响，也为了保障自身文化在旅游业中的吸引力，旅游景区必须确保自身的传统文化不被侵染，继续保持这种文化的纯净性，而此处所指的文化可持续发展，主要是景区所在社会可以确保自己文化的纯净，使其不会被外来文化所侵染，其根本渠道还是以开展生态旅游活动为主，但是要确保景区本身的"本真性"。

（四）经济环境的可持续性

尽管人们普遍认为生态环境、社会和文化等的可持续发展对于整个社会的可持续发展有重要意义，然而这并不代表一个国家或地区的经济发展呈现可持续发展可以体现其对当地可持续发展的影响。对于一个旅游国家来说，经济的可持续发展关系到整个国家的经济可持续发展的安全性。然而此处的经济可持续发展主要指的是旅游景区经过发展旅游产业获取的经济效益一定是能够补偿为接待游客而付出的直接成本，同时也能抵消防止旅游活动产生的各类不良影响和问题所开展的行为而产生的社会成本，还能为旅游景区当地居民由于旅游活动而承受的各种不便而获取的相应的经济补偿。然而对于景区生命周期这一客观现象，人们在考虑景区可持续发展的过程中，还需要考虑如何才能实现"泛景区"区域内或更大区域的旅游合作。

四、旅游景区的可持续发展规划

可持续发展理论到如今历经了很长一段时间，然而其在实际开展过程中还是有很多问题，同时旅游景区更加追求旅游产业的经济效益，因此旅游景区在奉行可持续发展规划的过程中往往就出现了执行不到位、矛盾处理不妥善等问题。关于怎样在旅游规划中更好地突出可持续发展的概念，从而达到可持续发展，本人对其进行了浅显的分析。

（一）强化景区对可持续发展观的认识

由于人们对可持续发展的认识还相对表浅，因此第一要务就是突出景区对可持续发展观的了解，特别是和景区规划联系密切的规划者、设计者、管理者等有关人员。假如他们都对景区的发展不抱有长远发展的态度，就更不用说游客了。值得强调的是，突出可持续发展观念的概念，必须认识到"人类的需求、资源的有限、坚持公平"原则的重要性，尽力谋求社会经济与环境的和谐与稳定。

（二）景区要发展，规划要先行

旅游景区的规划主要包括两个方面的内容。其一，旅游景区的开发与规划。景区的开发必须秉持专业科学的规划，防止在开发景区的过程中破坏自然资源。在开发的过程中应该制定相应的规划，可以分批次、分阶段地开发，而非一蹴而就；要真正考虑到景区内居民的切身利益，让其在享受到开发景区带来的红利的同时真心支持景区的开发，这是确保景区可持续发展的必要前提条件。其二，旅游景区的保护规划。按照景区重要等级的差异，对其进行分级管理，科学把控游客数量，科学把控商业程度，科学应用建筑材料，这些都是保护景区规划的手段。值得一提的是，在制订好景区开发与保护规划方案后，当地政府与旅游管理机构必须秉公办事，严格遵守相关规定，只有这样才能确保景区在旅游规划的基础上可持续发展。

（三）调动各方积极性，主动承担各自责任

旅游景区的可持续发展规划，牵涉到的人、事、物众多，社会各方都应该自觉承担相应的责任。第一，景区当地的政府机构，必须加强对旅游景区的管理，例如，制定有关法律法规，对相关从业人员开展相关培训，创建可持续发展的评价标准。第二，规定游客在旅游活动中保持节能观念，并对其进行可持续发展思想教育。第三，景区旅游规划可将游客作为主体，使其自觉加入景区的可持续发展建设中来，例如，自觉避免浪费与污染，自觉保护旅游生态环境与自然资源等。

（四）构建旅游景区循环经济模式

对于可持续发展而言，谋取社会经济与环境的和谐与稳定是重要内容。循环经济模式是一种创新经济形态，通过此种模式能更好地帮助当地景区实现可持续发展，而对于旅游景区的可持续发展规划而言，循环经济模式无疑是唯一的也是最佳的选择。循环经济模式注重社会经济与环境的共同发展，是一种更适合发展经济的模式。创建旅游景区循环经济模式，必须将旅游景区的资源作为基础，在充分保证环境友好的基础上，合理开发利用资源，将游客的旅游活动也融入该模式中来，让全部的资源都以此模式为核心，从而达到科学而长久利用的目的，将经济活动对景区环境的影响控制到最小，也是保障景区可持续发展的最佳经济模式。

旅游资源具有不可再生性，这个特点也决定了旅游景区的规划一定要

坚持可持续发展的观念，开发旅游资源的过程中必须始终牢记可持续发展观念，从而保障资源的科学合理利用。可持续旅游规划的观念逐步深入人心，也得到了越来越广泛的关注，在可持续旅游规划中，提升经济效益、保护生态自然资源、传承特色文化以及提升生活品质同等重要，而如何确保这些因素均衡发展是目前急需处理的问题。为了保证可持续发展观念始终贯穿于旅游规划中，就要开展旅游和生态环境的相关分析，进一步融合可持续发展观念与旅游规划实践，将特色文化、生态自然资源等融入系统的技术形体中，保证可持续发展旅游的概念，进而推出更容易被大众认可的旅游产品。

第二章　旅游景区设施规划与管理

第一节　旅游景区设施规划

一、景区设施规划概述

(一) 景区设施的概念

景区设施是景区为旅游者和当地居民提供旅游体验服务和其他服务的载体，即景区建筑物、场地空间、设施设备的总称。景区就是凭借它来为旅游者和当地居民提供服务的。

(二) 景区设施规划设计

景区设施规划设计在旅游规划中属于工程技术性设计的范畴，是对景区规划建设内容的设计和安排。这一部分在规划编制中一般由具有建筑专业背景的人员来做设计图，并简要进行工程建筑说明。设计人员在对景区规划和背景资料进行消化理解的基础上，提炼设计理念和元素，借助计算机设备来进行设计。因此，本部分的文本材料篇幅不大，而对图件的要求较高。要求设计者要能使用 AutoCAD（Autodesk Computer Aided Design）、3d Max、CorelDRAW、Photoshop 等软件，用平面结构图、效果图等形式来表现规划者的思想和理念。

(三) 景区设施规划要求

1. 旅游区总体规划

旅游区总体规划的任务之一是安排旅游区基础设施建设内容，提出开发措施。旅游区总体规划的内容中有"规划旅游区的对外交通系统的布局和主要交通设施的规模、位置；规划旅游区内部的其他道路系统的走向、断面和交叉形式；规划旅游区其他基础设施、服务设施和附属设施的总体布局；规划旅游区的防灾系统和安全系统的总体布局；规划旅游区的环境卫生系统布局，提出防止和治理污染的措施"等。旅游区总体规划的成果要求有道路交通规划图等图件。

2. 旅游区控制性详细规划

旅游区控制性详细规划的主要内容中有"规定各类用地内适建、不适建或者有条件地允许建设的建筑类型；规定建筑高度、建筑密度、容积率、绿地率等控制指标；确定各级道路的红线位置、控制点坐标和标高"等。旅游区控制性详细规划的成果要求图件包括各项工程管线规划图等。

3. 旅游区修建性详细规划

旅游区修建性详细规划的主要内容中有"道路交通系统规划设计；环境保护和环境卫生系统规划设计"。旅游区修建性详细规划的成果要求图件包括道路及绿地系统规划设计图、工程管网综合规划设计图、竖向规划设计图等。

二、景区设施分类

对景区设施的构成看法不一，但一致认为可将景区设施分为基础设施和接待服务设施两大类。基础设施是从城市规划中引入的名词，是指在城市规划中需要提前规划安排的发挥基础作用的城市设施。引入景区中，可以理解成在景区建设中需要提前安排的发挥基础作用的设施。基础设施除了满足游客需要以外，还要满足景区内部居民的需要。加快旅游基础设施建设，主要包括旅游道路、景区停车场、游客服务中心、旅游安全和资源环境保护等基础设施，以及旅游厕所、旅游公路、水路客运码头、中西部支线机场、景区通信、游客集散中心、旅游标志系统等内容。

本书综合参考多种分类标准，将景区基础设施分为交通设施、水电气热供应设施、排污设施、信息设施、环卫设施和风险防治设施。景区接待服务设施则包括住宿设施、餐饮设施、购物设施、康乐设施、导识设施和环境景观设施。

三、景区设施规划设计考虑的因素

景区设施规划设计首先要考虑上位规划和本规划的要求，做好市场调查工作。在设计的时候要综合考虑总体规划、建筑设计及设施规范标准的要求，并要从设施使用者的安全便利的角度慎重考虑，同时还要结合设施投资建设的成本与效益分析，综合权衡，进行系统设计。要考虑的因素可以分为自然因素和人文因素两部分。其中，自然因素包括景区地质、地貌、气候（气温、降水、风、光照、湿度、雷暴、雾凇、雨凇）、水文、生物、土壤等基本情况。人文因素包括旅游政策、区域经济发展水平、旅游文化、人文旅游资源禀赋、设施现状、景区规划、设施管理水平等内容。

第二节 旅游景区设施运营管理

一、景区设施运营管理概述

景区设施经过科学规划设计、建设以后，就要投入运营使用。对景区设施进行科学有效的管理是景区正常运行的关键。成功的景区其设施管理必然是成熟和健全的。对设施的管理主要包括如下内容：

（1）设施设备的日常维护管理。景区设施正常运行离不开日常维护管理。只有正确地使用和维护，才能保证设施的有效运行，获得预期的经济效益。对景区设施的日常维护管理要严格遵照各种设施的操作规程进行。

（2）设施设备的经济性评估。设施在规划时就进行了财务分析，即分析设施预期的成本收入、投资回收期和回报率、设施折旧率等经济数据。设施在运营过程中需要进行控制，分析存在的偏差及原因，采取有力措施纠正偏差，实现其预期经济目标。

（3）设施操作人员和维护人员的培训与管理。管理的中心是人，管理的对象也是人，因此对景区设施的运营管理归根结底是对人员的管理，即对设施操作人员和维护人员的管理。景区设施（如康乐设施）投资成本高，如果操作不当会引起严重损失。因此，对景区设施的操作和维护需要安排专门技术人员完成。景区设施操作人员需要培训上岗，平时也要加强对他们的管理，强化其安全防范意识，做到正确规范操作各种设施，避免经济损失和事故的发生。

二、不同景区设施的运营管理

景区设施建成以后需要进行运营管理。其对不同的设施运营管理的要求也不同。

(一) 给水设施管理

水是景区的生命之源，对景区发展起着至关重要的作用。一方面为旅游者提供生活用水，另一方面就是提供景观用水。

对给水设施的管理包括对水源和给水管网设施两个方面。

1. 水源管理

对水源的管理主要是注重水源的保护和可持续利用，严格保持水源清洁。

2. 给水管网设施管理

（1）对给水设施要进行日常管理，建立给水管网资料档案，定期清除给水管道的污垢，增强管道防腐保护。

（2）对漏水点要及时维修，安全用水，以保证给水设施正常运行。

（3）水资源非常宝贵，要注意节约用水。

(二) 排污设施

对排污设施的管理主要是排污管道设施的维护和保养。

1. 常规管理

对排污管道的养护包括管道清通、管道渗漏检测和修复等工作。这些工作均为技术性工作，要求由专业人员来完成，因此，要考虑对相关专业技术人员的配置与管理。

2. 安全管理

污水经发酵产生氨气等气体，对人体造成危害，因此，在对设施进行维修的时候要携带防毒面具，注意人身安全。

(三) 环卫设施

1. 软硬件管理

环境对于景区而言可以从两个角度理解，一方面环境卫生是景区质量的重要评判标准之一，另一方面环境本身可以作为景观的构成要素。可见环卫设施对景区非常关键，好比是景区的外表，外表整洁清爽才能给游客带来良好的第一印象和优质的旅游感受。但由于景区面积大、设施分散、缺乏人员监督，环境卫生仅靠管理人员是不够的，关键要对游客行为进行引导、教育和管理，因此，环卫设施的管理包括硬件管理和软件管理两个方面。所谓硬件管理包括设施的维护管理，软件管理主要是对游客的管理。

2. 措施

（1）对景区环卫设施硬件的管理包括设施的选择、人员配备、设施保养、维修、更新、改造等内容。做到环卫设施整洁美观，与景区周边环境协调，营造景区环境良好的视觉效果。

（2）对游客的管理就是要对游客进行环境教育，引导游客保护环境，做到文明旅游，消除不文明行为，如随地乱扔垃圾、随意采摘花草、在景区乱刻乱涂、大声喧哗等。

(四) 导识设施

导识设施的运行管理主要是对设施的日常检查、养护、维修、更新。检查导识牌有无损坏，是否褪色、掉漆。对损坏的导识设施及时进行更换，对掉漆、褪色的导识设施进行重新刷漆。

(五) 康乐设施

康乐设施成本高，维护较复杂，为了提高其运行的安全性，需要定期进行安全检测。在购买设备的时候应遵循技术先进、适用、可靠、便于维修、经济合理的原则。设施安装完毕要进行测试，确认安全以后才投入使用。配备专门的设施操作人员，培训合格以后才能上岗，平时要强化其安全意识，加强管理，做到设施使用万无一失。

(六) 环境景观设施

对环境景观设施的管理是对景区设施规划设计、施工监督、检查验收、运营维护、更新改造等过程的控制。这是一项系统工程，既需要专业技术，也需要有责任心。

(七) 住宿餐饮设施管理

1. 目标

对住宿餐饮设施的日常管理有使用管理和保修管理。其目标是做到低投入、高效益、维修及时、质量高、使用安全。

2. 措施

（1）对设施建立管理制度，包括设备的操作规程、维修保养制度、安全防火制度等。

（2）对工作人员进行设施使用的培训，培养专职的使用和操作人员，使设施设备发挥最大效益。

（3）在保修方面，建立检查、保养、维修、更新改造等相关制度。设备维修有三项内容，即根据维修程度，分大修、中修和小修。设施更新改造要找准时机，尽量避开旅游旺季和旅游高峰时段，尽可能减少因设施设备维修给游客带来的不便。

第三章 旅游景区娱乐规划设计

第一节 旅游景区娱乐概述

一、景区娱乐认知

针对"娱乐"的具体内涵,不同的词典给出的解释不尽相同,《新华字典》对其进行了如下解释。其一,趣味性较强能够让人感到愉悦的活动;其二,让其快乐。关于旅游景区娱乐的具体内涵,学界尚未形成一致的看法,也未对其进行深入的理解。本书在对娱乐文化内涵进行理解的过程中,从下述两个维度来把握:一是娱乐表示的是快乐,象征着人们对精神世界的追求,是为了满足身心发展的需要;二是娱乐指的是快乐,它彰显出人们对自由的向往,也是为了更好地愉悦身心,更加侧重精神层面。此外,它尽管强调的是精神层面的要素,但是,它需要以一定的物质为依托,通过一定的形式呈现出来。本书在对景区娱乐的内在含义进行阐述时,将其概括为:景区指的是以服务旅游者为目标,为了更好地指导人们放松自我,达到身心平衡发展目标的各种行为活动与服务的总称。景区娱乐当中的每一个参与者都是为了追求快乐,也是为了放松身心。娱乐产生的一个重要前提就是一定的景区空间。

只有旅游者参与其中,景区娱乐活动才是完整的,景区娱乐活动建立在一定的娱乐产品生产基础之上,其外在呈现方式为旅游者购买产品或者是旅游者从事相关生产。在景区娱乐的过程中,旅游者发挥了不可忽视的主体性;景区娱乐包括多个方面的内容,除了生产、销售旅游产品的每个环节之外,还包括在景区娱乐中的重要客体,诸如从业人员等;娱乐消费使得主体和客体之间更为有效地结合起来,也能够更好地实现景区娱乐的内在价值。上述不同的部分使得景区娱乐活动通过多种多样的方式组合起来。景区娱乐消费具有明显的指向性,它与住宿、餐饮、消费、观光等组成了具有系统性的消费者旅游行为全过程。

二、景区娱乐的类型

景区娱乐根据旅游者在旅游活动过程中的参与方式的不同，可划分为观赏性娱乐和参与性娱乐两大类别。其中，观赏性娱乐主要指旅游者在景区内参观游览，并由此引发联想和想象所产生愉悦感受的娱乐方式。参与性娱乐主要是指旅游者在景区亲身参与娱乐项目而获得愉悦感受的娱乐方式。

观赏性娱乐与参与性娱乐的划分并不是绝对的，为了增强娱乐的吸引力，两者常常穿插进行，如浙江横店影视城的舞台表演项目常常请观众担任其中的一些角色，使之既具有观赏性，又具有参与性。一些民俗风情园内的民俗风情表演也常常在表演的过程中穿插与游客互动的环节。参与、体验是景区娱乐的核心吸引力所在。

三、景区娱乐的作用

(一) 创造旅游吸引物，弥补天赋资源的不足

景区的娱乐项目可以不受自然条件的限制，根据市场需求进行创造，对于天赋旅游资源较为丰厚的景区，娱乐项目能够为游客提供更多的景区内观览体验的选择，而对于天赋不足的景区，娱乐项目则可以成为其最主要的招徕客源的旅游体验对象。

(二) 增强游客体验，提高旅游满意度

景区娱乐服务不仅能让游客欣赏精彩的节目表演，同时也能让游客主动参与到娱乐活动中来，在体验的过程中获得美好、愉悦的享受，从而增强景区对游客的吸引力和满意度。

(三) 带动相关要素发展，提升景区经济效益

娱乐项目本身利润空间巨大，是景区的重要收入来源。此外，娱乐项目的开发，可以延长游客停留时间，有效改善景区收入模式，进而拉动吃、住、购等其他要素的发展，促进景区经济的良性循环。

第二节 旅游景区娱乐项目的规划设计

景区娱乐项目，也是景区产品的构成部分，其项目的规划设计运作必须遵循市场营销的一般规律，即从宏观与微观不同的维度对项目展开系统分析，对于各个区域相关项目发展细化研究，了解其发展的基本趋势，明确未来应该向哪一领域投资，对于项目发展有着准确的定位，定位目标顾客。按照消费者的内心习惯、消费选择等来明确产品的基本价格，完成相关的经营措施，在此基础上确定最佳的场地选择。在进行场地选址的同时，需要综合分析行业发展的基本特点，包括距离市区的距离、交通便捷化程度、行业竞争力水平、停车场位置、客源的基本情况、娱乐场配套设施的完善化程度等。

一、景区娱乐项目设计原则

一个成功的娱乐项目，必须能带给人们舒适享受、奇特新颖、惊险刺激或博弈快感。也就是我们通常说的娱乐"四性"，即享受性、新颖性、刺激性和对抗性。

(一) 享受性原则

更多游客之所以选择景区旅游，目的是在紧张的工作中寻求精神的慰藉，在具备休闲条件时，能更为顺心，更为舒服。在设计娱乐项目时，需要综合分析周边环境是否轻松优美，服务是否完备等。例如，温泉景区需要完善的设备，需要连贯高质量的服务，基本环境、设施设备与普通澡堂的区别需要较大。游客在享受温泉服务的同时，自身也十分满足。享受性原则是娱乐项目必须具备的一个基本原则。

(二) 新颖性原则

人们往往对新、奇、特的项目更加感兴趣，这些也最能激发人们内心的震撼，原因是什么呢？人们面对新的事物时总是能够更好地接受，但是即便一个娱乐项目再吸引人，人们也会对其十分厌烦。因而，对于景区而言，要将其形式进行不断变换，使得其内容获得更新，才能使其具有更大的吸引力。娱乐项目越发新奇，游客的娱乐诉求才能得到更好地满足，往往能够取得出人意料的良好效果。在世界上首个水上滑梯进入人们的眼帘之后，游客的猎奇心理得到了较好的满足，这些具有新鲜感的构思能够让泳池对人们产生更强的吸引力，也使其因此成为真正的"水上乐园"。随后，水滑梯设计者将他们的创意应用到滑梯设计的几何参数之中，真正打造了旋转滑道、透明滑道、麻花滑道等当中，形成了多种多样的滑梯类型，也增设了喷射滑道、音响灯光等多种多样的奇特样式。涡旋滑道、冲浪滑道等的不断出现，为水上娱乐项目开发了新的形式，构成了内容丰富的水上乐园。可以说，上述娱乐项目都是十分成功的。

（三）刺激性原则

具有刺激性的娱乐项目能够让人勇于冒险，也能让人更为争强取胜。项目的刺激性越强，人们越能够从中感受到精神的刺激，也能够让人十分兴奋。具有惊险性的娱乐项目有很多种，其中海盗船、过山车等都可以被称作勇敢者的游戏。我们只有超越他人，才能够获得更为强大的自我，也才能形成更强的挑战性。

（四）对抗性原则

在对娱乐项目进行设计时，对抗性是一个关键的原则。我们的内心当中都是十分争强好胜的，喜欢一较高下，因此，更加倾向于选择模拟战争、水上大战等多种多样的项目类型，这些项目的对抗性都是较强的。比赛只要有结果的输赢，就会从不同的方面进行对抗，诸如智力、能力、体力等，由此而带来了刺激性、挑战性等的存在。借助于娱乐项目的结果进行一定的奖励，就能够更好地激发个体的娱乐兴趣，取得最终的成功。

二、景区娱乐项目设计过程

景区娱乐项目的市场化要求很高，需要严格按照市场规律进行运作，但景区同时又是一个精神文化产品，过分的商业化会使项目陷入短期的不可持续发展，如何设计出符合市场需求的娱乐产品，处理好商业利益与景区良好社会形象两者之间的关系,是娱乐项目能够成功运作的前提。

景区娱乐产品设计需考虑四类因子:旅游资源(旅游价值)、与旅游可达性密切相关的基础设施、旅游专用设施和旅游成本因子(费用、时间或距离)。其基本步骤如下:

(一) 景区环境分析

在设计景区娱乐产品之前,首先要对景区所处的宏观和微观环境进行分析,研究社会、政治、经济、文化、习惯、地理、心理、合作伙伴、竞争对手等诸多因素,综合分析景区资源的优势和劣势,从而选定目标顾客,对产品进行市场定位,做出正确的市场预期。

(二) 确定产品主题

产品主题通过产品名称显示。名称是产品性质、大致内容和设计思路等内容的高度概括,直接反映的是娱乐产品的主题。线路名称应简短(4~10字),切合旅游景区的主题,突出当地的特色,并且富有吸引力。如福建武夷山的"印象大红袍"演出,"大红袍"是著名的武夷岩茶品种,"印象"是张艺谋等的山水实景演出的品牌,两者相结合,产品特点极为鲜明。

(三) 设计产品内容

景区娱乐产品的内容是能否吸引游客参与的前提。没有充实的娱乐内容,娱乐产品只不过是一具空壳,娱乐活动的内容应当符合四个设计原则,即享受性原则、新颖性原则、刺激性原则、对抗性原则。

(四) 进行市场运作

娱乐项目要取得成功,不仅要有好的项目策划和设计,还需要有符合市场规律的运作方式。策划的开始,已经为经营定了主调,完美地将策划方案付之于经营,认真执行与因时因地的灵活调整也是非常重要的。而且,娱乐潮流日新月异,必须根据市场需求不断调整运作策略,适时地增加新的娱乐方式,推陈出新,让游客有常来常新的新鲜感。

(五) 建章立制完善管理

景区娱乐项目通常会引起大量游客聚集，此外，娱乐项目大量采用高新技术，追求惊险、刺激，维持景区娱乐活动秩序，确保项目设施的安全十分重要。娱乐项目的制度管理不可或缺，其中又以安全制度更为突出。

(六) 反馈评估修正

娱乐项目试运行之后，需要不断收集游客的反馈意见，对项目的市场定位、内容设计、运作方式进行评估，及时纠正失误，保证娱乐活动朝健康的方向发展，确保实现盈利目标。

三、景区娱乐运作策略

(一) 品牌化运作策略

随着景区娱乐产品的不断发展，品牌将成为景区娱乐经营中最重要的因素。娱乐产品具有生产与消费的同时性，游客在购买前无法分辨娱乐产品的优劣，因此，品牌对游客的选择行为具有重大的影响。

(二) 市场化运作策略

景区举办娱乐活动，开发娱乐产品的目的之一是增加创收途径和扩大社会效益，娱乐项目的举办应当遵循一定的市场规律，进行市场化运作。一方面要考虑成本因素，时间、地点的选择和人工的使用要尽可能符合成本节约原则；另一方面要力求达到效益最大化，这里所说的效益不仅指经济利益，还包括社会形象收益和为当地经济发展带来的其他社会效益。

第四章 旅游景区购物规划设计

第一节 旅游景区购物概述

一、景区购物的概念

广义的景区购物是景区的一个领域或要素，指游客为了满足需要而在景区购买、品尝，以及在购买过程中观看、娱乐、欣赏等行为。旅游购物作为一种旅游行为，对景区及当地社会文化、经济、其他领域以及旅游政策都会产生影响。狭义的景区购物指游客在景区游览过程中购买特色旅游商品的行为。对景区而言，发展旅游购物是提高景区旅游整体经济效益的重要途径，是丰富景区旅游资源的重要手段，亦是景区开展旅游营销的途径之一。

二、景区旅游商品

景区旅游商品包括两个部分：旅游商品和一般性消费品。旅游商品是景区购物的主要组成部分，其产生的效益也很大。一般消费品是人们购买的生存资料，如食、衣、住、用方面的基本消费品。

(一) 旅游商品的概念

广义的旅游商品是指旅游景区为满足旅游者的旅游需求，以交换为目的而提供的具有使用价值与价值的有形和无形服务（无形商品）的总和。旅游商品是一个商品集合体的概念，它包括了交通商品、餐饮商品、住宿商品、景观商品、购物商品、娱乐商品以及包含在其中的服务类商品。

狭义旅游商品是指旅游地商店对游客出售的有形商品，其中包括了景区商品。

（二）旅游商品的特点

1. 实用性

实用性是指商品具有一定的使用价值。旅游者在旅游过程中所购买的纪念品可以是一件有一定使用价值的生活日用品或其他有特殊用途的物品，如一件印有景区标志的文化衫、一件工艺雕饰、一个有特殊图案的挂件等。这些物品，既有实用功能，又因其特定的产地和特殊的工艺、图案或设计而具有纪念意义。

2. 艺术性

更多情况下，旅游者之所以会选购一些旅游商品，其目的就在于作为礼物而赠送给自己的朋友，有的也具有珍藏的目的。旅游商品必须具有较强的艺术价值。只有旅游产品具有较强的艺术价值，人们才能够获得较强的审美趣味，其收藏价值才能够被激发出来，进而拥有更强的市场价值。

3. 纪念性

旅游可以被看作一次特殊的经历，从旅游者的角度而言，这一经历能够给人留下极其深刻的印象，也具有较强的纪念价值。其纪念价值不仅通过旅游者的回忆来体现，也能够通过纪念品的购买来彰显。旅游地的各种挂件、明信片等，特别是长期收集起来的门票，都具有较强的纪念价值。纪念价值可以通过多个方面体现出来，除了当地的区域特点之外，还包括民族特质。比如，一些外国游客常常喜欢购买一些古风特点的旗袍，手工鞋等，这些都是我国民族特点的最直接体现。

4. 时代性

旅游不仅是一种物质活动，也可以被看作一种精神活动，其时代特征尤为鲜明。旅游作为一种商品，需要顺应消费活动自身的特点，彰显出其内在的时代价值。社会的发展不断加速，无论是生产还是生活中，高科技都产生了直接的影响。不少商品中都呈现出明显的时代印记，其更新的速度明显加快，比如景泰蓝作为一种传统的工艺品，与人们的生活更为紧密地联系起来，通过手机壳、水笔、指甲剪、钥匙扣等呈现出来。

三、旅游景区发展旅游购物的策略

(一) 全面正确认识旅游购物在旅游发展中的地位和作用

旅游者的饮食、住宿、出行和旅游需求是基本需求，消费支出相对稳定且有限，而购物是非必要的，购物支出具有很强的可扩展性，所获得的收入没有限制，是最灵活的收入。因此，在旅游业发达的国家或地区，旅游收入占旅游业总收入的比例通常超过百分之五十。同时，旅游产品本身也是一种旅游资源，对游客具有很强的吸引力。而精美的旅游产品是旅游目的地形象传播的优秀广告载体，有助于提高旅游目的地的知名度。旅游商品是旅游者旅游活动的延伸和延续，是旅游印象的物化。精美的旅游纪念品可以让旅行者反复回忆起美好的旅游体验。无法购买所需的旅游产品往往会给游客留下遗憾，甚至是对旅游地的不满。只有正确认识旅游购物在旅游开发中的作用，旅游景区才能真正重视旅游产品开发工作，这是旅游产品创新开发的前提。

(二) 端正态度，重塑认识，摆正对旅游商品的看法

旅游者在休闲期间的服装、食品和住宿消费是固定的和正常的，他们的购物环境相对有限。购物属于游客在游玩过程中不需要的需求，具有很强的可扩展性。这不仅是旅游购物发展的局限性，也是旅游购物发展优势所在。旅游部门必须正确认识旅游购物发展的价值，全面分析旅游购物在旅游发展中的地位，发挥旅游购物在促进旅游业发展中的有益作用。如果景区能够销售具有高度代表性和吸引力的产品，不仅可以满足游客当前的消费需求，还可以通过旅游产品的使用和传播，无形地提高景区的知名度。在旅游景区开展旅游购物，必须充分认识旅游购物，重视旅游产品的开发，促进旅游购物的发展。

(三) 突出特色，打造独具魅力的旅游商品、纪念品品牌

旅游景区应出售具有代表性的纪念品、艺术品，如模型、纪念页、小册子等。总之，特色是旅游产品的生命力，旅游景区在经营旅游产品时必须把

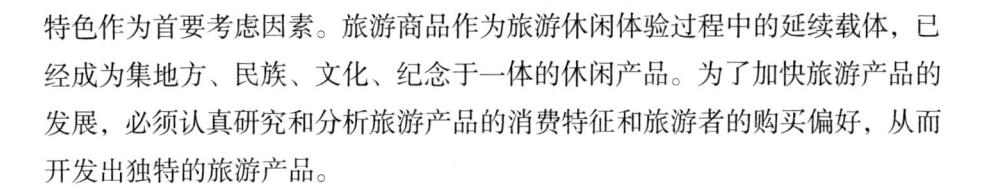

特色作为首要考虑因素。旅游商品作为旅游休闲体验过程中的延续载体，已经成为集地方、民族、文化、纪念于一体的休闲产品。为了加快旅游产品的发展，必须认真研究和分析旅游产品的消费特征和旅游者的购买偏好，从而开发出独特的旅游产品。

(四) 营造有特色、人性化的购物环境

商业环境的好坏在很大程度上影响着旅游产品对游客的吸引力。现代市场经济的发展也告诉我们，购物已经不再是简单的商品交换活动。如今，消费者越来越关注购物环境、购物设施的现代化，以及所看到的人性化。购物已经成为现代人的休闲消费方式，对环境的要求也越来越高。旅游景区内杂乱无章的门店和小商品店并不能刺激游客的购物欲望。在旅游景区发展旅游购物时，除了注重提供特色旅游产品外，还必须配套相关的商务设备，提高人员素质，创造出特色的、人性化的购物环境。在旅游区内建立旅游商品街，在游客集中点建立旅游购物中心和旅游商品专卖店。购物场所的布局可以有不同的风格。精品店的装饰要追求艺术魅力，并与旅游景区的特色相融合。同时，提高旅行产品运营商的服务技能，做好送货、发货、邮寄等售后服务工作。营造良好的购物环境，让游客放心购物。

第二节　旅游景区商品与购物环境设计

一、旅游景区商品设计

(一) 景区旅游商品设计的理念

1. 考虑游客需求

我们已经进入体验经济的时代，旅游者在不同的方面都有着不同的购物诉求，其发展的趋势更为多元。他们越来越重视旅游商品的文化价值、外观特点、实用价值等。由于这一原因，要在旅游者购物诉求的基础上从事各种生产经营活动，按照旅游者自身的区域、性别、行业、民族、年龄以及个性特征等，明确最终的目标群体。

2. 展现景区与地方的文化

从旅游者的角度来讲，旅游的价值在于对当地的文化进行更好地认识，了解地方的民俗。鉴于思维观念的差异，生活方式的不同，所以，那些具有地方特点的商品往往能够对游客产生更强的吸引力，而将地方文化元素与旅游商品更好地融合起来，这是尤为关键的。实践表明，旅游商品的文化品位越高，旅游者对其就会更为欢迎。要通过地域文化使得旅游商品更具竞争力，在呈现地方文化的过程中，需要综合分析旅游商品在提升景区文化价值方面的作用，将旅游商品的文化、价值、内涵等充分挖掘出来。

3. 体现创新

旅游商品可以被看作一种时尚品，需要和时代的发展同步进行。旅游商品具有较强的创新性，它富有较强的生命价值，也是财富的彰显。在对旅游商品进行创新设计的过程中，需要彰显出下述几个方面的特点：旅游商品的多重功能，要彰显出人的价值；要立足于消费者，将人性化理念体现出来；要创新旅游商品形式，使其更具独特价值，这样才能避免其和同类型产品有着较强的同质性；旅游产品的时代感要强，应与个体的价值思维相互一致，顺应生活方式的多方面变化。

4. 重视实用

旅游商品的实用价值指的是其所具有的日常价值特征。对于众多的旅游者而言，之所以选择这一款旅游产品，就是因为看中其使用价值，同时，也可以作为馈赠的最佳选择。相关调查表明，一些旅游商品单纯被用于欣赏，消费者对于这一产品的购买欲一般；要更好地将实用性与艺术性结合起来，才能产生更强的吸引力。要真正看到旅游商品的多样性，其类型必须十分丰富，才能被更多地选择，不同行业、不同年龄、不同性别、不同爱好的消费者才能对其进行选择。此外，实用性还通过其配套功能体现出来，它能够保证旅游产品质量更高、品质更优。

（二）景区旅游商品设计要素

1. 题材选择

（1）以旅游者的需求为题材

在对景区产品进行设计时，其关键就在于有没有站在旅游者的角度去

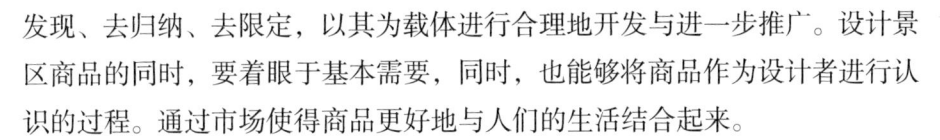

发现、去归纳、去限定，以其为载体进行合理地开发与进一步推广。设计景区商品的同时，要着眼于基本需要，同时，也能够将商品作为设计者进行认识的过程。通过市场使得商品更好地与人们的生活结合起来。

（2）以时尚为题材

时尚强调的是对于特定流传现象的一种模仿，它通过宗教、着装、艺术、语言等多种方式体现出来。这些事物一经推出就能够被人们所选择、采用以及进一步推广，从中体现出人们对于美的一种赞扬，也可以将其内心的情绪激发出来。从本质上来看，时尚可以被看作文化模式当中的重要内容。它也可以被看作对于传统习俗的改变。鉴于时代背景的差异，景区商品总是处于不断变化之中，因此，在开发景区商品时必须顺应时代发展的基本诉求。彰显出其内在的教育性、趣味性以及娱乐性。可以说，在进行景区商品开发时，时尚已经成为一个最重要的选择。

（3）挖掘本地特色题材

旅游商品需要彰显地方特点，在对题材进行选择时，需要与当地特殊的民俗、遗产特征、自然风光等结合起来，确保景区能够更好地呈现出当地的区域文化特点，具有较强的收藏价值。例如，在对武夷山景区进行开发时，就需要开发出相应的书签、挂历等，也可以推出特色化的明信片、邮票等，选择民俗题材作为旅游商品的一张王牌。

2. 造型设计

在对旅游商品的造型进行设计时，要结合其具体的选材，将现代人的生活方式融入其中。当下，大多数旅游商品都通过下述方式进行造型设计，包括：手镯、扇子、衣服、手机壳、茶杯、笔筒、手提袋、鼠标垫、帽子、壁纸、鞋子等。鉴于旅游商品大多数是沿途购买的，综合分析其纪念特点，它的体积不能太大，重量也需要适宜。在对景区旅游商品进行设计时，要将艺术性和技术性结合起来。

3. 功能设计

旅游商品作用和其功能之间是等同的。在更多情况下，其基本功能包括审美性、实用性以及纪念性等要素。

纪念功能主要强调的是通过旅游商品，我们能够看出相应的商品对于当地特色的呈现，通过其文化特色，我们能够更好地理解此次旅游给人们留

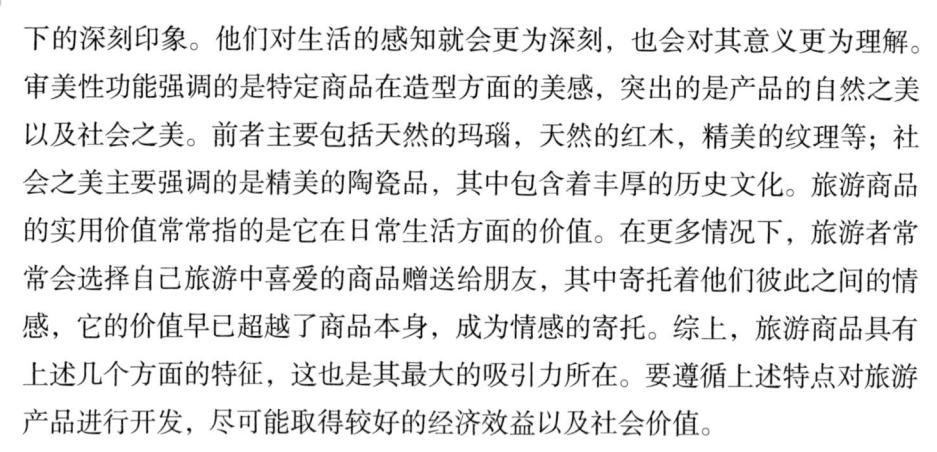

下的深刻印象。他们对生活的感知就会更为深刻，也会对其意义更为理解。审美性功能强调的是特定商品在造型方面的美感，突出的是产品的自然之美以及社会之美。前者主要包括天然的玛瑙，天然的红木，精美的纹理等；社会之美主要强调的是精美的陶瓷品，其中包含着丰厚的历史文化。旅游商品的实用价值常常指的是它在日常生活方面的价值。在更多情况下，旅游者常常会选择自己旅游中喜爱的商品赠送给朋友，其中寄托着他们彼此之间的情感，它的价值早已超越了商品本身，成为情感的寄托。综上，旅游商品具有上述几个方面的特征，这也是其最大的吸引力所在。要遵循上述特点对旅游产品进行开发，尽可能取得较好的经济效益以及社会价值。

4. 设计材料选择

景区旅游商品对于设计材料有着较高的要求，其材质也就是商品制作的原料。通常来看，旅游商品的材质有很多种，常见的包括木、骨、陶、玉、角、铜等。现代科技的发展日新月异，旅游商品发展获得了新的更大的突破，各种新型材料不断涌现。针对具有浓厚文化气氛的主题，要将传统的工艺保存下来。由于上述工艺能够真实地反映出传统文化主题方面的特征。要将现代化的文化主题与设计材料更好地结合起来，偏向于选择那些更具现代化的材质，对其进行新的创新，不过，特殊情况下依然需要将传统材质和现代化主题结合起来。往往在价格、便于携带、便于清洗等方面占据优势。和传统材料比较而言，新材料，它的破损可能极低。产品制作过程中，一个最基础的条件就是材美工巧，不管是在工艺还是品质方面，都以完美为本质追求，选择材料优异、质量较好的旅游商品，往往能够赢得更多旅游者的喜爱。

（三）景区旅游商品设计的方法

在对景区旅游商品进行设计时，现在所使用的研究方式比较单一，尚未形成完善的体系。目前，大多数沿袭的是现代化的工艺模式。从具体的设计方法来看，主要包括下述几个类型：

1. 模仿设计法

模仿设计法对当下的特色物品进行全面化模仿，创新出更多的旅游商品开发形式。按照模仿物品之间的差异，可以将其进一步细化为模仿字画、模仿出土文物、模仿特色化古建筑、模仿典型性的民俗以及将一些残留的文物古迹进行复原等。

2. 功能扩散设计法

这种方法在开发设计中,不仅保留原有功能,还考虑了改进增加其他功能,使之成为多功能性旅游商品。具体又分为两种类型:

(1) 功能改进

经功能改进后的旅游商品不仅仅是一种具有纪念价值的旅游商品,还可以作为礼品馈赠。它不是一般意义上的摆设、挂饰,同时具有日常生活的使用价值。比如,民族地区特有的民族服装、民族挂饰等,在保留部分典型的民族风格外,稍作改进,使之更生活化、更大众化,成为日常生活中可以穿着的服饰。

(2) 加工改良

充分利用现有资源及技术,对传统商品在加工上进行改革,加入新的设计理念,使商品焕发新的面貌。如湖南益阳地区竹资源十分丰富,传统的竹编制品主要是竹席等生活用品,经技术改进,加工成水竹地毯、竹编提包、挂件等。我国拥有丰富的民族文化资源,且传统民间工艺实力较为雄厚,通过功能扩散开发旅游商品有较大的资源与技术优势。

对传统商品进行加工改良可采用以下方法:

第一,多因素组合法:这种方法主要是将日常生活中较为常见且常用的器皿、服饰等,在生产时继续保持其原状,但增加一些特有的民族特色或以正宗纯粹的民间工艺对其进行加工,使其具有景区、地方特色或传统风格。

第二,题材创新法:这种方法一般依托于影响较大的国内、国际大型旅游活动,将活动内容及主题融入商品之中,使其变成具有纪念意义的旅游商品。这类旅游商品不仅可以收藏,或者日常使用,还可以作为礼品馈赠。

此外,还有移植设计、替代设计、标准化设计、专利应用设计、集约化设计、创造性设计等方法。

(四) 景区旅游商品的包装设计

在对旅游产品进行包装时,它的外观和内容之间是密切相关的,就某种程度来讲,它更多代表的是内容和形式之间的关联性。尽管形式是由内容

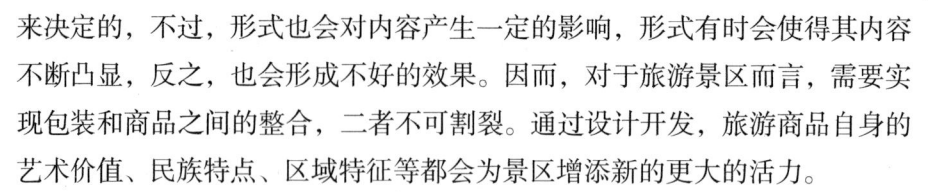

来决定的，不过，形式也会对内容产生一定的影响，形式有时会使得其内容不断凸显，反之，也会形成不好的效果。因而，对于旅游景区而言，需要实现包装和商品之间的整合，二者不可割裂。通过设计开发，旅游商品自身的艺术价值、民族特点、区域特征等都会为景区增添新的更大的活力。

1. 包装设计理念

对景区旅游商品的包装进行设计时，需要凸显其文化价值。可以从下述方面来展示：

第一，包装设计需要将景区的文化特征、时代特征充分展示出来。人们的生活水平不断提升，他们不仅仅追求物质生活，也希望自身的情感得到陶冶，精神满足的价值更为重要。也就是要追求一种更具文化品位的包装，使其与消费者的内心不断交互。对于设计者来说，需要对其社会效益进行思考，强调设计的文化价值。

第二，要选择最为合适的包装材料，更多选择自然材料，如植物叶子、竹子、纸张等，要因地选择，对各种物品进行包装设计。传统模式下，我们更多选择的是一些天然的包装，将其最原始的状态保存下来，精心雕琢，简单加工，除了能够彰显出其美学思维之外，还能够将现代人的意识体现出来。对于现代人来讲，他们更加强调的是对于大自然当中气味的享受，对于材料的视觉化体验。传统包装的地域特色鲜明，包装的个性特征突出。对于设计者而言，需要了解这一特色，将其内在的神韵体现出来，实施重组，要将景区的文化信息展示出来，进一步对其进行挖掘。

2. 包装设计方法

对于更多的旅游商品来说，其一般是销售包装。从设计的基本类型来看，可以将其细化为独立型与通用型两个类型。

设计独立包装时，要将各个景区的商品分开，对其进行独立包装。包装需要与商品的内在价值与基本质量结合起来。商品的档次不同，其价值也存在区别，质量也有着明显的差异。商品的外衣是包装，它需要和价值相匹配，和质量相对等。例如，将商品品质展示出来，将商品的宣传价值、美化功能等体现出来，进而使旅游商品具备更为完整的形象。对于设计者来说，要按照商品档次的不同、层次的差异对其包装进行选择，不能使高档产品只是空有外表，使其身价不断贬低，使其成为华而不实的代名词。

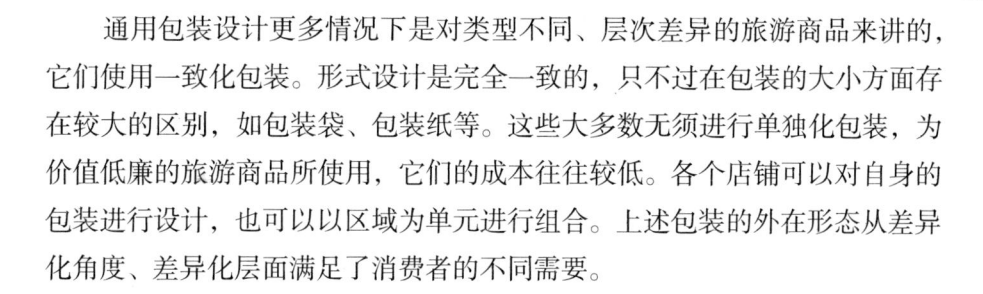

通用包装设计更多情况下是对类型不同、层次差异的旅游商品来讲的，它们使用一致化包装。形式设计是完全一致的，只不过在包装的大小方面存在较大的区别，如包装袋、包装纸等。这些大多数无须进行单独化包装，为价值低廉的旅游商品所使用，它们的成本往往较低。各个店铺可以对自身的包装进行设计，也可以以区域为单元进行组合。上述包装的外在形态从差异化角度、差异化层面满足了消费者的不同需要。

二、景区购物环境设计

(一) 景区购物环境的构成

景区购物环境包括两个方面：一是场所环境；二是服务环境。

1. 景区购物场所环境

景区购物场所更多强调的是基本的建筑以及购物的多元化设施等。消费者的消费情况会受到购物环境的直接影响。购物设施与商品之间的组合不同，消费者会形成差异化的心理感受。如果能够进行完美组合，旅游商品就会更具魅力。想让游客有着丰富的购物体验，带动旅游商品销售发展。从现代市场经济建设来看，旅游者对于购物环境的重视化程度不断加深，他们更加强调的是基本设施的人性化、现代化。具体而言，景区购物环境涵盖下述几个方面的内容：

(1) 景区购物网点的布局状况

景区有没有较为完备的购物区域，基本的购物点布局是否完善，景区商店布局和景点之间有怎样的关系，旅游者购物是不是便捷。

(2) 景区购物商店经销的旅游商品状况

购物店所经销的产品类型是不是多样，能不能将地方的特色完整地展示出来。

(3) 景区购物商店内的环境状况

购物商店有没有完整的环境布置，如货架展示、基本装饰、招牌等有没有较强的吸引力。店铺内部的结构能不能更好地和旅游者沟通，有没有合适的文化氛围，这些都会对旅游者消费产生直接的影响。

2. 景区购物服务环境

服务环境会影响景区的购物选择。景区购物服务会直接影响景区内部的多种服务，包括购物营销、导游政策、政府行为等。景区购物环境的内容包括不同的方面，除了我们通常所讲的服务的大环境之外，还包括政府购物信息的完善化程度、服务体系的建立健全等。购物商店是否真正做到了诚信，从业者的基本态度、服务水平，对于销售知识的掌握化程度，有没有热情从事所属行业工作，掌握的信息是否完整、健全、系统等都会直接影响旅游者所从事的各种活动。

(二) 景区购物环境设计

1. 景区购物场所环境设计

(1) 标牌

要想更好地吸引旅游者进行购物，首先需要有一个显眼的标牌，所以，对其命名时需要有较高的要求。简单来讲，好的标牌应该具备下述几个方面的特点：能够让游客的好奇心被充分激发出来；能够把营销的特点体现出来；记忆起来更加简单，传播速度变快。旅游者在景区消费时，会担心自己被"宰"。如果店铺已经获得了一些"定点消费"的称号，它们则需要将其放在更加显眼的位置，让游客的消费变得更为放心。在制定标牌时，需要符合商店的基本规模，字体需要十分显眼，对于旅游者形成更大的吸引力。假如需要在夜间更为醒目，那么在边缘装饰一些彩灯，通过明暗之间的对比让游客产生更加深刻的印象。

(2) 商品的展示

对旅游者购物进行吸引的另一种方式是柜窗展示。可以将一些陈列商品的柜窗放在明显的位置，起到提示作用。样品展示柜一般是玻璃围绕，能够通过更为合理的方式对商场空间进行必要的分隔，其规则性往往更强。利用展柜，旅游者能够以更为直观的方式选择自己想要的商品，能够很好地进行视觉导向。在对商品进行分类时，需要遵循一定的原则。通常来讲，不管是在内容还是形式方面，商品的过渡需要遵循一定的原则，要与逻辑顺序相互适应，顾客寻找时才会更为便捷。例如，需要将古玩、工艺品和文房四宝放在一个区域，服装则需要与布匹放在一起。如果需要在一个货架上对不同

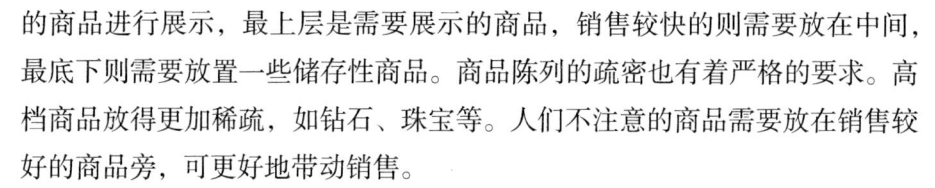

的商品进行展示，最上层是需要展示的商品，销售较快的则需要放在中间，最底下则需要放置一些储存性商品。商品陈列的疏密也有着严格的要求。高档商品放得更加稀疏，如钻石、珠宝等。人们不注意的商品需要放在销售较好的商品旁，可更好地带动销售。

（3）柜台与货架

旅游商品需要几个基础的设备，柜台是常见的一个，其宽度需要保持在50厘米左右，其长度需要保持在90厘米左右。在转角区域常常需要设置一些三角柜台，有的则是以圆形的形状呈现。例如，对于大多数首饰、珠宝等，柜台的设计不能过大，要将其珍贵性体现出来，货架常常可以被用作展示商品，作为陈列的基础设备，它的宽度大多为60~200厘米，营业员能够更好地进行操作。一个整体内的货架需要有着一致化的造型，能够确保整体的美感，让其更为和谐。常见的货架材质为玻璃、木质、金属等类型。国外还会选择有机玻璃，它具有更多方面的优势。

（4）色彩与照明

景区商店选择哪一种颜色，都和它的规模和商品之间有着直接的关联。通常一些规模较大的商店要保持整体的色调和谐，尽可能以淡雅为基本色彩，避免使用过于明艳的颜色，容易给人带来不好的体验感。对于一些小型商店来说，要彰显个性，不过颜色的选择需要以中性为主基调，色彩不能过于明艳，要保证商品突出。假如对于商品的分类比较细化，它的环境色彩需要将商品的品质凸显出来。例如，需要用暖色调来对食品包装进行呈现。货架的颜色选择与商品之间的关联为：颜色鲜艳的商品，货架应该主要起到衬托的作用，以背景的形式来体现。为了使商品有着更为明确的色彩形象，房间的顶部、室内的色调需要尽可能低调，颜色不能过于繁杂。如此，商品五颜六色的姿态才能够体现出来。色彩使用常见的技巧包括：

第一，色彩和商品自身之间的差别不能太大。商品销售需要和展柜、货架以及基本的设备用品相互结合，以便更好地衬托商品，对顾客产生更强的吸引。例如，对于时装、奢侈品等需要选择一些颜色较浅的色调，不能主次不分，将商品自身的色彩所遮掩，使游客在挑选时眼花缭乱。

第二，使用色彩时需要和具体楼层结合起来，营造差异化氛围。例如，大多数店铺入口处的客流量很大，要选择暖色为主，营造热烈和谐的良好气氛。可以适当加入一些冷色调，对于顾客的复杂心理进行一定的缓解。地下营业厅光线不好，十分潮湿阴暗，人们的内心就会十分压抑，地面色彩的选择需要以浅色为主，让人心情愉悦，赏心悦目。

第三，色彩使用要有变化，也要和谐统一。店铺给人的视觉印象是统一的，要明确基础色，将其作为统一化的标识，使得企业的特征更为鲜明。然而，在具体运用时，楼层的位置不同也需要有一定的变化，打造差异化风格。让顾客能够根据颜色的变化明确楼层的变化，视觉方面更为新鲜，审美疲劳有所消减，从而获得更加愉快的购物体验。

要想确保商品给人一种琳琅满目的感觉，使其看起来色彩更为丰富，需要选择合适的照明手段。大多数旅游商店选择的都是冷光源，它和自然光十分接近。从布光形式而言，不仅要关注整体照明，也要关注局部照明。前者能够保证店铺亮度最佳，使购物者能够拥有最佳的购物环境，后者则能够让空间的层次感变强，使商品拥有更强的表现力，环境氛围更加融洽，例如日光灯、射灯等能够让柜台、展架等的照明更强。又如，大多数珠宝首饰都需要以红丝绒为主要的背景，灯光则十分柔美，能够让人感到富贵、典雅。如果射灯过于刺眼，会破坏其原有的典雅之感。此外，一些特殊的商品可以直接触摸，所以，要确保商品有着较好的清洁度，能够让游客通过触觉激发其内心的购物欲望。

2. 景区购物服务环境设计

(1) 招聘高素质营业员

在对营业员进行招聘时，需要全方位考察。可以从下述维度实施考察：

第一，仪表端庄。更多情况下，我们关注的是其服装、风度、外貌、姿态等。对于营业员来讲，仪表很重要。从着装方面，要注重衣着的整洁性，在款式合适时，要让所有的营业员统一着装。从举止方面，要自然而亲切，对所有的顾客都热情。

第二，必须具备更为敏锐的洞察力，能够进行准确的判断。能够从细微处入手，了解消费者的言行，通过合理观察，进而激发其内在的购买动力。

第三，具备良好的交流能力。通常情况下需要使用准确的语言，要确保音量合适，语速的选择合理。面对老年人时，语速要放慢，面对年轻人时，语速要快一些。合理的语速能够让交流的途径变得更为畅快，实现更好的交流目标，提升交流的效率。

(2) 培训营业员，提高销售服务水平

定期开展常规化培训，让销售人员拥有更高的服务水平。

第一，明确来意，选择合适的时机接待。通常来讲，要抓住合适的时机进行交谈：旅游者对于特定的商品进行观察时；在外漫步时，停下脚步进行观察；在寻找特定的商品时；在对陈列商品观察时，这边看看，那边瞧瞧，久久没有离开；长时间进行思考时；游客和营业者面对面时。

第二，陈列商品，赢得旅游者的信赖。利用反复对比，可以适当地进行补充，让旅游者的购买信息增强。针对旅游商品，可以和其他区域的同类型产品进行对比，确保从原产地所得为货真价实的产品，有着独特的纪念感受。在对商品进行出示时，需要遵循高档到低档的顺序，旅游者可以亲自感受。将产品的特性展示得淋漓尽致，挖掘出其丰富的内涵。

第三，服务周全，有始有终。除了热情接待之外，还需要做到礼貌迎送客人。不管买的多还是买的少，或者没有消费，都要保持同样的态度，让游客的信任度提升，满意感增强，游客才愿意再次光临，景区才会被再次选择。

3. 完善售后服务，建立良好的市场秩序

泰国游客消费时往往没有质量方面的担忧，退货也是完全自由的。此外，对于一些大宗商品，要从打包、报关、托运等不同的方面一包到底。顾客也不用去思考应该怎样将这些产品带回。当下，我国不少企业在这一方面做得还不够完美。高质量的售后，能够让游客的后顾之忧不断消减。

同时，需要具备较好的购物环境，这需要以较好的市场秩序为基础和依托。假如商家要价不合理，导游的回扣收取过多，店主没有做到诚信经营，就会对商品市场秩序带来极大的破坏，引发各种投诉问题，旅游商品的形象也会大打折扣，景区的销售也就没有了根本的保障。要确保景区规范经营，确保任何商品都能够经得起检验，价格明确，游客的消费才会更加放心。

第五章 旅游智慧化的发展历程

第一节 从智慧城市到智慧旅游

一、城市——文明进阶的主角

城市的演变是人类文明的见证,人类文明的发展史就是一部城市进化史。英文中,"文明"一词源自拉丁文的"Civis",意为"城市的居民"。在不同历史阶段,城市不断兼收并蓄、包罗万象,促进人类文明的不断进步。

早在我国《周礼·考工记》中就指出了"匠人营国,方九里,旁三门。国中九经九纬,经涂九轨,左祖右社,面朝后市,市朝一夫"的都城建造之道。

我国早期,"城"和"市"是分开的。《管子·度地》中指出,内为之城,城外为之廓(通"郭",指城郭,编者加)。《吴越春秋》指出,"筑城以卫君,造郭以居民"。"城"主要是为了防卫而用城墙包围的区域。"日中为市","市"则主要为城中商品交易的场所。

古代的广大百姓多居于乡村,零零星星的城市分散布局,人口少、规模小,相对更具有"国"的意味,这便是城市最初的形态。千百年来,人们遵循自然规律,日出而作、日落而息、自给自足,农耕文明就此诞生。

随着商业经济的发展演进,城与市逐渐融为一体,成为人类文明发展的普遍空间形态。200年前,机器的轰鸣声彻底打破了昔日的宁静,火车、汽车、摩托车、电灯、电话、电视机,市场与科技交相辉映,新的思想与商品如浪潮般一次又一次无孔不入地涌向世界的每处角落,一代又一代的人们用勤劳和智慧不断点亮一棵又一棵的"科技树",烟囱、厂房和高楼以奇迹般的速度占领和重塑昔日的荒野和乡村。近200年来,工业制造业与信息技术的突飞猛进使无数人从乡村涌入城市,城市逐渐走入世界舞台的中心。

当乡村变成了城镇,城镇变成了城市,城市变成了超大城市、特大城市甚至超级城市，农耕文明逐渐被城市文明取代，彻底成为被封存的过去式。城市化的进程大大加快，城市的数量和人口迅速增加，规模的体量迅速膨胀，以惊人的速度成长为人类活动的主要场所。英国在1802年时5000人以上的城镇仅有106个，城市化率仅为20%，这两个数字在90年之后增加到了622个和60%。美国在1800年城市人口仅为总人口的3%，100年后的1900年便猛增到50%。

与其说城市彻底颠覆和改变了人类文明的历程，不如说人类文明的历程在城市中得以实现了飞跃，城市所承载的市场经济、商业制度、社会文化和创新精神等如源源活水般把所有意想不到的奇迹化为触手可及的常态，吸引着一代又一代人前呼后拥地投入它的怀抱。

二、智慧城市——让未来触手可及

生产力的推进使人类思想以惊人的速度和数量增长、传递，政治、经济、社会、文化、生态等也随之发生剧烈变化。进入信息化时代，不断发展变革的信息技术成为新的生产力，生产力的进步为人类提供了新的生产手段，由此带来生产关系，如资源配置、经济结构、经营方式、产业关系等多方面的剧烈变化。这些变化直接引起人们世界观与价值观的转变，推动着政治体制与社会结构的革新。总之，现代信息技术的出现和发展将带来人们生产生活方式的变化，并带来经济和社会等的变革，推动人类走向新的文明阶段。

与此同时，城市化的发展也带来了巨大的负面影响。随着城市的扩张和膨胀，空气污染、交通阻塞、贫富差距过大、住房及医疗紧张等问题也变得刻不容缓。

随着互联网、物联网、人工智能、大数据及云计算等技术的飞速发展和广泛应用，以及城市化负面影响的不断加重，一种利用高度信息化手段来解决城市发展中的弊病的需求越发强烈。在此背景下，数字城市、智能城市、智慧城市的概念被相继提出，并在理论与实践中不断拓展深入。

将资源、商品及一切关系信息化处理的做法在信息革命发生之时就已经被尝试过。基于宽带通信基础设施和面向服务的计算资源基础设施，数字城市和智能城市能够提供创新型管理与服务的互联共同体。2009年，美国迪比克市与 IBM 合作建立了世界上第一个智慧城市，该项目基于物联网、大数据等全球最前沿信息科技，在一个拥有 6 万居民的社区中将各种生活资源（包括水、电、煤气、交通、卫生保健、信息服务等）进行信息化连接，通过检测、分析和整合所收集到的数据促进社区的智慧化响应，提高了资源的利用率和社区的便利化程度[①]。在 2010 年，美国 IBM 公司正式提出了"智慧的城市"的愿景，希望用"智慧"的方式重塑城市中的交互方式，推动交互过程更加明确、高效和便捷。智慧城市也迈出了理论融入生活实践的关键一步。

而现阶段的智慧城市建设则是在大系统整合的物理空间和网络空间交互下的数字城市，其管理更加精细、环境更加和谐、经济更加高端、生活更加宜居。智慧设施与大数据在行程追踪方面更是发挥了极大的作用，便捷了城市管理。

如果说数据是信息社会的粮食，那么智慧技术则是将粮食加工成可用食品的工具。与之前的数字城市、智能城市等概念相比，现如今的智慧城市建设在信息化的融合程度、智能感知、分析和响应、制度化的融合机制等方面都更加深入人民生活，致力于解决居民生活中的实际问题，更加强调感知与物联，更加注重公众参与和互动。可以说，智慧城市是目前信息技术与城市最先进、最人性化的融合。

当全球城市竞相成为交通与网际网络的结点，人们在智慧城市快速流动的巨型网络中游走。在科学技术迅速发展、彻底改造地景和生活习惯的 21 世纪，人类最缺乏的不再是创造力，而是想象力。当科技之光逐渐照亮智慧之城，当科幻片中的场景成为现实，曾经遥远缥缈的未来，已然触手可及。

三、智慧旅游——赋活城市的新动力

1933 年，国际现代建筑协会（CIAM）第四次大会在雅典制定了《雅典宪章》，该宪章创造性地总结出城市的四大功能：居住、工作、游憩和交通[②]。其中，游憩的功能，就包含了我们常提的"旅游"概念。可见，城市向

---

① 胡拥军. 智慧城市的发展现状、问题诊断与经验总结 [J]. 中国信息化，2014：20-23.
② 吴良镛. 国际建协《北京宪章》：建筑学的未来 [M]. 北京：清华大学出版社，2002：12.

来是旅游重要的活动载体和功能空间。

城市离不开旅游，旅游同样离不开城市。旅游业对资源配置的导向性功能有利于推动城市从产业结构到基础建设的优化。旅游业不仅能给城市带来经济和产业的拉动，更能促进文化及社会价值的充分挖掘。旅游为城市提供了对外展示自身形象的窗口和名片，体现着一个城市的灵魂和魅力，是一个城市文化生活最重要的方式之一。旅游人文性、社会性和创造性的发挥也能推动城市生态资源、文化资源等的保护及可持续发展。如今，旅游已成为城市形象展示的重要途径，促进着不同文明间的交流交融。

人类社会逐渐步入智慧经济时代，作为对信息高度依赖的旅游业，信息技术在旅游发展中的充分应用十分必要，信息技术的引入也从底层生态上重塑了旅游业的运行模式，旅游因此变得便捷、高效、顺畅。近些年，携程、同程等OTA（在线旅行社）的发展给传统旅行社业及旅游业带来了革命性的突破，使说走就走的旅行变成了常态。智慧景区、智慧交通、移动支付等也使昔日烦琐疲劳的旅行变得轻松愉快。

以互联网、物联网、人工智能、虚拟现实等技术为支撑，基于智慧城市的建设利用泛信息化手段将旅游全过程、全要素打通，广泛服务于游客、相关政府部门及企业的智慧旅游，将会成为赋活城市的新动力，把人们对美好生活的向往变成现实。

四、智慧城市与智慧旅游——共生共融

智慧城市可以看成数字城市建设的深入和延伸，是城市发展充分信息化、智能化的高阶产物。智慧城市本质上是以物联网为重要基础，以智慧技术、智慧服务、智慧产业、智慧管理、智慧生活等为重要内容的城市发展新模式，其涵盖了三方面内容，即信息化的基础设施、信息化的民众应用和信息化的产业应用[①]。

智慧旅游与智慧城市的原理是共通的，在本质上又是相互关联的，城市是旅游活动进行的主要场所，从这种意义上看，智慧旅游的建设就是智慧城市的建设。智慧城市建设为智慧旅游的发展提供了便利，智慧旅游依托智慧城市的信息技术平台实现旅游资源的交流和共享，通过智慧城市的产业建

---

① 张永民，杜忠潮. 我国智慧城市建设的现状及思考[J]. 中国信息界，2011(02)：28-32.

设支撑智慧旅游的公共服务等。同时，智慧旅游体系建设又进一步促进智慧城市的完善，提升城市的整体形象[1]。

无论是智慧城市的建设还是在此基础上的智慧旅游的建设，其根本宗旨都在于用智慧为人类创造更加舒适幸福的生活环境，让美好生活真正成为人们触手可及的现实，而非虚无缥缈的南柯一梦。

人类的想象力借助科技的力量得以实现，科技在一次次满足人们美好生活的向往中获得重生。智慧给人自由，城市创造文明，旅游赋活灵魂。在未来，时空的阻隔已不再是问题，一切禁锢想象力的牢笼都将被打破，人类终将克服重重阻碍，用智慧创造美好生活。

第二节 智慧旅游的"智慧"之处

一、从旅游信息化到智慧旅游

（一）旅游与信息化

智慧旅游是旅游信息化高级智能化阶段的产物[2]，以更加面向应用、用户和旅游产业升级为目标，代表着旅游科技综合运用的主要方向[3]。旅游信息化建设是打造智慧旅游的重要前提[4]，也是智慧旅游发展的基石[5]。智慧旅游最根本的属性是旅游信息服务[6]，旅游信息化水平也是衡量旅游业发展水平的重要标志之一。

我国的旅游信息化建设相比西方要晚，但发展速度快，且逐渐超过西方。到目前为止，我国的旅游信息化建设历程大体分为四个阶段。

---

[1] 杨晓红.基于智慧城市建设的智慧旅游发展研究 [J].东方企业文化，2014(2)：168-169.
[2] 任瀚.智慧旅游定位论析 [J].生态经济，2013(4)：142-145.
[3] 李庆雷，白廷斌.论旅游经济的有智增长模式 [J].四川师范大学学报（社会科学版），2012，39(5)：102-109.
[4] 王清荣，秦胜忠.智慧旅游与桂林国际旅游胜地核心竞争力的提升 [J].社会科学家，2014(5)：102-106.
[5] 李梦."智慧旅游"与旅游信息化的内涵、发展及互动关系 [A].中国旅游研究院.2012中国旅游科学年会论文集 [C].北京，2012：211-227.
[6] 李云鹏，昆夕，沈华玉.智慧旅游：从旅游信息化到旅游智慧化 [M].北京：中国旅游出版社，2013：112.

第五章 旅游智慧化的发展历程

第一阶段是准备阶段（1981—1992年）。中国国际旅行社总社有限公司引进美国PRIME550型超级小型计算机用以数据统计及处理，此举正式揭开了我国旅游行业信息化的序幕。从此，旅游景区、旅行社、城市旅游局等都纷纷开始建立自己的网站，实现了旅游信息化从无到有的跨越。

第二阶段是起步阶段（1993—2000年）。该阶段以"国家金旅工程"为主要目标，尤其是1993年底以建设中国的"信息准高速国道"为目标的国家重大电子信息工程"三金工程（金桥、金卡、金关）"的启动，我国国民经济信息化在全国范围内广泛开展，此阶段通过的《国家信息化"九五"规划和2010年远景目标》为我国的信息化建设工程指明了道路。

第三阶段是发展阶段（2001—2010年）。该阶段互联网的应用颠覆着各行各业的经营模式，极大地推动了信息化进程。旅游行业从旅行社和酒店开始，一股互联网应用风潮快速席卷，从而建立了包括内部管理系统、信息发布系统、在线预订等功能的电子商务模式。

第四阶段是推进阶段（2011年至今），移动互联网的出现又为旅游信息化的发展注入了新动力、提供了新方向。移动设备拉近了用户与互联网的距离，大大便捷了信息的获取。同时，目的地管理机构开始开发和推广终端应用，旅游电子商务平台的火爆，也大大加快了旅游信息化的发展。

如今，旅游信息化的发展方兴未艾，且正在往更高的水平进发。物联网、区块链、大数据的应用促进了智慧旅游数据平台的建设，为旅游景区、旅游城市管理带来了新技术，VR、AR、XR等技术的应用也颠覆了传统的旅游模式，开发了旅游新业态，同时"云旅游"技术也离不开信息化。

如果说过去互联网与旅游业的结合是旅游业的第一次革命，那么目前大数据、物联网等技术将会带来旅游业变革的第二次跨越。旅游信息化的模式，正在随着物联网、云计算的带动不断飞升，从旅游业态、旅游管理、旅游服务等方面都产生着质的飞跃。

如果将之前的旅游信息化看成一种相对狭义的技术应用，那么智慧旅游则是基于信息化发展而来的旅游业态的转型升级和发展理念上的创新突破；如果将之前的旅游信息化建设视作一种"术"的铺垫，那么智慧旅游建设则是一次"道"的构建。

(二) 智慧旅游与智能旅游

在旅游学界,"智慧旅游"与"智能旅游"的名号之争一直是讨论的热点。旅游从业者、旅游研究者在智慧旅游概念刚提出时一直争论不休。尽管在日常使用中可以各凭喜好,但在政府主管部门层面,作为一个行业的新业态、作为一项事关产业发展方向的全国性系统工程,应该只有一个规范的、统一的专门用语,以利于规范化建设与管理[①]。

"智慧"一词早在2000多年前就已出现,《墨子·尚贤》中便提到"若此之使治国家,则此使不智慧者治国家也"。《博弈圣经》中对于智慧的定义是文化进程中独创的执行力,《新华字典》将智慧定义为人辨析判断和发明创造的能力。

智能,中国古代思想家一般把"智"与"能"看作两个相对独立的概念。《荀子·正名篇》中说道:"所以知之在人者谓之知,知有所合谓之智。所以之在人者谓之能,能有所合谓之能。"其中,"智"指进行认识活动的某些心理特点,"能"则指进行实际活动的某些心理特点[②]。一般认为,智能是知识和智力的总和,知识是智能的基础,智力是指获取和运用知识求解的能力。

"智慧旅游"与"智能旅游"到底哪个更适用于描述当前这一趋势现状,学界也是仁者见仁,智者见智。王兴斌认为,从旅游业的本质与特征而言,提"旅游智能化"更为妥帖,通过运用先进科技手段在旅游中提供方便、快捷、准确的智能化服务,弥补原始的人工服务的不足,同时把智能化与人工化结合起来,让游客在享受现代科技的程式化、智能化成果的同时,又能享受传统且具有地域或民族风情的人性化、个性化体验,使传统服务与现代科技有机对接,才是现代服务业的新境界、新天地。黄超、李云鹏认为智慧旅游就是智能旅游[③]。

总体来看,"智慧旅游"与"智能旅游"两者本身含义的差异并不大,且因较为抽象不利于获得其精确的含义,因此解读起来也难免存在差异。尽管

[①] 王兴斌."智慧"旅游,还是"智能"旅游?[N].中国旅游报,2012-04-20(011).
[②] 林崇德,扬治良,黄希庭.心理学大辞典[M].上海:上海出版社,2003:1704.
[③] 黄超,李云鹏."十二五"期间"智慧城市"背景下的"智慧旅游"体系研究[C].2011《旅游学刊》中国旅游研究年会会议论文集,2011:60-73.

称为"智能旅游"有其合理之处，但目前无论是在实践应用还是理论探索中，主流看法还是将其称为"智慧旅游"，并在此基础上进行内涵的深化和丰富，获得了广泛的关注和认同。

二、智慧旅游的概念、特征与表现

(一) 智慧旅游的概念

从智慧城市到智慧旅游，智慧化已成为社会发展无可非议的必然趋势。当下人们旅游需求的升级，对数据处理速度与精确度的需求，以及旅游业转型升级等因素促使智慧旅游不断发展。从物理空间到日常活动，从宏观制度到微观细节，信息化不断伸展蔓延至生产生活的点点滴滴，在寂静中不知不觉地解构已有业态，又在喧嚣与泡沫中摸索新一代的游戏规则。认知它、剖析它、顺应它、把握它，才能真正在惊涛骇浪中顺势而动、顺时而为，最大限度地享受智慧化发展的红利。

我国真正提出并开展"智慧"系列建设不过是近十年的事，即使在当前"智慧"建设的理论探讨呼声热烈、响应广泛，实践发展风生水起、步伐加快的背景下，从其理论和实践上的发展状况看也仍处于初级阶段。期待与迷茫交织、热情与混乱同在是这一阶段躲不开的状态。"智慧"的兴起，迎来的是风口还是峭壁，其机遇和挑战又应如何把握，这些悬而未决的问题都有待我们从大处着眼、小处着手，持之以恒地共同推进，一步步拨开云雾见月明。

对智慧旅游进行分析的第一步便是对其概念进行界定。概念是反映事物的本质属性的思维形式，是对事物共同属性的概括[1]。2015年，国家旅游局发布的《关于促进智慧旅游发展的指导意见》中正式提出了"智慧旅游"的概念：运用新一代信息网络技术和装备，充分、准确、及时感知和使用各类旅游信息，从而实现旅游服务、旅游管理、旅游营销、旅游体验的智能化，促进旅游业态向综合性和融合型转型提升，是游客市场需求与现代信息技术驱动旅游业创新发展的新动力和新趋势，是全面提升旅游业发展水平、促进旅游业转型升级、提高旅游满意度的重要抓手。但在学术界，由于现阶

---
[1] 莫琨. 智慧旅游的安全威胁与对策探讨 [J]. 旅游纵览，2013(2)：302-303.

段我国对智慧旅游的研究尚在早期，研究成果也滞后于实践，还未形成统一确切的智慧旅游定义，因此，以下便对现有关于智慧旅游的概念研究进行梳理，尽可能清晰地展现当前百家争鸣局面的主要图谱。关于智慧旅游的概念，学界主要分为三派。

第一种观点认为智慧旅游是综合应用平台，如金卫东将智慧旅游定义为提供各种旅游公共服务的综合应用平台，该平台以云计算、物联网等高新技术为依托，以智能手机等各类设备为体验终端，集旅游目的地食、住、行、游、购、娱以及旅游相关各类资讯和服务于一体，为广大民众提供"各取所需"的服务[1]。任瀚也将智慧旅游视为以物联网、云计算、移动通信技术、人工智能及其集成的基础的综合应用平台[2]。翁钢民和李维锦认为智慧旅游的核心是充分应用云计算等集约型信息化发展技术，将大量旅游信息资源进行聚合，构建资源统筹、信息贯通、应用丰富的综合服务平台，建成一个开放式、覆盖各类用户、涵盖各类旅游业务的智慧旅游信息系统[3]。

第二种观点认为智慧旅游是对旅游信息的智能感知与应用，如黄超和李云鹏（2011）认为智慧旅游就是利用新兴信息技术和设备主动感知旅游资源、旅游经济、旅游活动等方面的信息，达到及时发布、及时了解、安排和调整工作计划，从而实现对各类旅游信息的智能感知和利用[4]；王辉、金涛和周斌等在其《智慧旅游》一书中也强调，智慧旅游最终要达到对各类旅游信息进行智能感知和方便利用的效果[5]。

第三种观点认为智慧旅游是一种旅游体验产品或（和）服务，如梁昌勇、马银超和路彩红认为智慧旅游是通过新一代信息技术，充分收集和管理所有类型和来源的旅游数据，并深入挖掘这些数据的潜在重要价值信息，这些信息为旅游管理决策者进行有效管理决策提供服务、为各营利团体利益提升与协作能力提供服务、为充分满足游客个性化需求和更优旅游体验提供服

---

[1] 金卫东.智慧旅游与旅游公共服务体系建设[J].旅游学刊，2012，27(2)：5-6.
[2] 任瀚.智慧旅游定位论析[J].生态经济，2013(4)：142-145.
[3] 翁钢民，李维锦.智慧旅游与区域旅游创新发展模式构建——以秦皇岛为例[J].城市发展研究，2014，21(5)：35-38.
[4] 黄超，李云鹏."十二五"期间"智慧城市"背景下的"智慧旅游"体系研究[C].2011《旅游学刊》中国旅游研究年会会议论文集，2011：60-73.
[5] 王辉，金涛，周斌，等.智慧旅游[M].北京：清华大学出版社，2012：21.

务[1]。李云鹏、胡中州、黄超和段莉琼也认为智慧旅游概念体系的核心是泛在化的旅游信息服务[2]。邓辉也更强调智慧旅游的活动属性和产品属性，他们认为智慧旅游是人们以智慧性产物或景象为吸引物，通过高技术手段的应用和智能化的互动体验，在激发智慧、感受智慧成果和进行智慧性创造过程中活动身心快感与审美愉悦的文化性活动，也是旅游目的地为满足游客智慧和创造性体验需求而提供的产品总和[3]。

近年来，也有学者从新视角定义智慧旅游。如李京颐、李云鹏、宁泽群和陈文力从理性选择视角重新认识智慧旅游概念，他们认为智慧旅游是旅游主体在面临多种选择时，通过技术和知识的有效运用，能够做出更加理性选择的旅游，智慧旅游就是旅游主体能够进行更加有效选择的旅游[4]。学界对智慧旅游定义的观点分歧主要集中在关注点的侧重和对其重要性的认知方面。但总体来看，学界普遍认为智慧旅游就是现代最新信息技术在旅游产业上的运用，通过物联网、云计算、便捷终端设备等主动感知旅游相关信息，智能地对旅游信息资源进行处理和开发利用，以满足旅游者在新时期更多个性化、多样化的服务需求。

虽然智慧旅游的定义尚未达成一致，但也存在诸多共识。例如，在技术层面上，学界都认同"智慧旅游"是以物联网、云计算和移动计算等高新技术为支撑平台；在面向主体上，都赞同"智慧旅游"是为旅客提供各种与旅游相关的信息，如旅游产品信息、游程虚拟体验等，方便旅客进行自主规划、个人定制旅游方案和增强旅游的愉悦感[5]；在作用价值上，都认可智慧旅游提升了旅游产业的科技含量和服务质量，促进了旅游服务个性化、管理智能化、信息对等化。

从本质上看，智慧旅游的内涵包括以下三方面。第一，面向游客的服

---

[1] 梁昌勇，马银超，路彩红. 大数据挖掘：智慧旅游的核心[J]. 开发研究，2015（5）：134-139.
[2] 李云鹏，胡中州，黄超，段莉琼. 旅游信息服务视阈下的智慧旅游概念探讨[J]. 旅游学刊，2014，29（5）：106-115.
[3] 邓辉. "智慧旅游"认知重构[J]. 中南民族大学学报（人文社会科学版），2015，35（4）：33-38.
[4] 李京颐，李云鹏，宁泽群，等. 理性选择视阈下的智慧旅游概念及内涵[J]. 旅游导刊，2021，5（05）：22-32.
[5] 黎忠文，唐建兵. "数据流动"视角下智慧旅游公共服务基本理论问题探讨[J]. 四川师范大学学报（社会科学版），2015，42（1）：48-53.

务。智慧旅游以游客体验为中心，满足游客个性化需求。第二，面向旅游机构的管理变革。智慧旅游创新了旅游企业的服务模式和旅游信息传播，提高旅游政府管理部门的管理效能。第三，信息技术深度融合。智慧旅游对物联网、云计算、移动通信技术等在内的智能技术综合应用，智能技术在智慧旅游起着基础性作用。

但也有学者指出，国内智慧旅游定义存在诸多不足。第一，各个技术的概念理解不清。将不同层面的技术归并在一起，理论知识体系混乱，需应用的核心技术类别不够明确。第二，服务对象不全面，智慧旅游提供的价值不明确，使受益主体范围不准确，难以构建真正的应用机制。第三，性质不明确。这导致其建设主体及运营主体缺失和错位，影响和制约了智慧旅游的推广应用[1]。

我国经济步入高质量发展阶段，智慧旅游也有了新的拓展。智慧旅游所依赖的核心技术早已从数据库和互联网转变为云计算和人工智能。乔向杰指出，我国智慧旅游技术应用从单纯的信息传递向价值传递、价值创造演进。虚拟现实（Virtual Reality，VR）、增强现实（Augmented Reality，AR）、5G等技术在旅游中的应用创造了旅游体验新产品。

我国"智慧"旅游起步尚晚，但发展迅速，如此快速的增长难免会有众多不周全的地方。吴洪梅认为，大数据背景下，我国智慧旅游管理存在信息基础设施不足、数据资源价值未充分挖掘、优秀专业人才不足等问题[2]。鲁娜指出，智慧旅游的发展没有考虑到老龄群体的利益，老年人的"数字鸿沟"问题始终没有解决；虽然"互联网预约购票""扫码入园"等便民体验确实提高了入园效率，但智能设备的"适老化"应用问题越发明显[3]。智慧化与人性化兼具，仍是旅游管理部门应当考虑的重要问题。

智慧旅游是旅游业革命性的转型升级。张凌云认为智慧旅游是转变旅游增长方式的新路径[4]。智慧旅游是从旅游大国到旅游强国的必经之路，有助于我国旅游业形成跨越式发展格局，进入旅游发达国家同等水平的分工体

---

[1] 黄思思. 国内智慧旅游研究综述 [J]. 地理与地理信息科学，2014，30(2)：97-101.
[2] 吴洪梅. 大数据背景下智慧旅游管理模式的构建 [J]. 现代企业，2022(2)：33-34.
[3] 鲁娜. 智慧旅游适老化改造"一直在路上"[N]. 中国文化报，2022-01-13(006).
[4] 张凌云. 智慧旅游：个性化定制和智能化公共服务时代的来临 [J]. 旅游学刊，2012，27(2)：3-5.

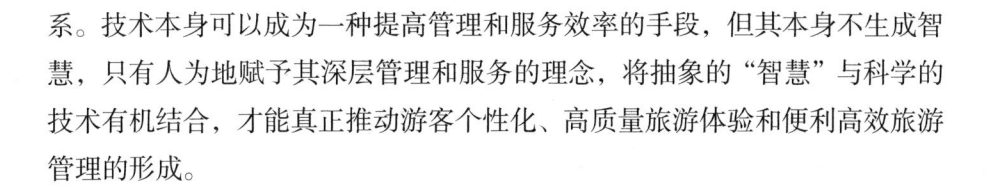

系。技术本身可以成为一种提高管理和服务效率的手段，但其本身不生成智慧，只有人为地赋予其深层管理和服务的理念，将抽象的"智慧"与科学的技术有机结合，才能真正推动游客个性化、高质量旅游体验和便利高效旅游管理的形成。

(二) 智慧旅游的特征

1. 全触角感知

智慧旅游是全面感知的旅游，所有涉及旅游产业运行和游客需求的各方面都能够被有效地感知和监测，遍布各处的智能设备能够源源不断地将感测数据收集起来。同时，游客可通过景区旅游公共服务门户连接景区内的智能感知终端，进行虚拟旅游，如对景点的360°全景浏览和实时实景体验，获取身临其境的感觉，丰富的景区资讯以及对景区的评价。随着新技术的发展，这些感知设备越来越精密、越来越普及，成本也越来越低，可以将它们大规模投入旅游系统中，实现实时感知，推动产业发展。

2. 多渠道互联

在旅游信息化背景下，信息以部门为中心进行组织，景区发布景点信息，宾馆酒店发布住宿信息，构建了一个个孤立的信息系统。智慧旅游是一个相互联通的有机体，所有这些智能设备被互联起来整合成一个大系统，它们所收集的数据能够被充分地整合起来。

智慧旅游借助移动终端设备，可以很好地整合目的地相关服务并推送给游客，实现旅游信息在旅游目的地层面的互联互通，目的地旅游服务企业和主管部门可以获得旅游运行的实时全图，为科学决策提供依据。

3. 大数据挖掘

智慧旅游作为一种新兴的旅游发展理念，其本质就是满足游客多元化的信息需求和体验需求。通过对数据进行深入挖掘收集、精准化分析预测和可视化呈现，快速准确地梳理出价值信息，依托大数据对游客市场的细分和旅游管理的智能分析，如基于对历史数据和游客画像的智能分析，为游客推送个性化旅游产品和定制化的智能线路优化等。这有利于旅游行业的形象和服务管理水平实现跨越式提高，形成一种全新的可持续发展模式。

4. 精准化预测

智慧旅游可以实现数据的差异化处理，将处理后的定制化信息通过智能平台向游客或管理部门进行主动推送，并注重吸引旅游者主动参与旅游的传播和营销，并通过积累旅游者数据和旅游产品消费数据，逐步形成新媒体营销平台。同时，诊断旅游营销和推演的可行性项目，针对潜在游客进行精准营销，提升客源市场转化率。

智慧旅游基于物联网、移动互联网、人工智能等新一代技术，使信息以游客为中心进行组织，利用以人为本的服务方式，实现了信息系统的互联互通和信息共享，减少了旅游服务提供者（如景区）和游客之间的信息不对称，使旅游服务提供者更加方便地了解游客需求，进而有效安排服务时间、数量和内容，游客也能通过多种接入方式全程无差别享受信息化服务，获得更加愉悦的体验。游客的亲身体验和评价结果也将成为智慧旅游建设成败的根本。

(三)智慧旅游的表现

智慧旅游的"智慧"体现在"旅游服务的智慧""旅游管理的智慧""旅游营销的智慧"三大方面。

1. 旅游服务的智慧

智慧旅游通过信息技术提升旅游体验和旅游品质。智慧旅游通过基于物联网、无线技术、定位和监控技术，实现信息的传递和实时交换，搭建起游客与服务供应商以及管理者之间的密切联系，从而围绕游客个性化需求搭建服务平台和共生系统，促进旅游公共服务从"被动管理"到"主动管理"，实现信息共享、消费预订和后期评价的"4V"——大量（Volume）、多样（Variety）、价值（Value）、高速（Velocity）[1]。

服务智慧包含的内容方方面面。旅游公共服务通过微博、微信公众号、小程序、手机 App 等多种渠道，为个体、组织或企业提供多元的公共服务需求，并通过大数据监测，使公共资源配置最优化[2]。

目前，已有众多省份开展了智慧旅游公共服务建设的尝试。例如，继"一部手机游云南"之后云南省打造的"数字云南"工程，成为推动高质量跨

---

[1] 李萌.基于智慧旅游的旅游公共服务机制创新[J].中国行政管理，2014(6)：64-68.
[2] 乔向杰.智慧旅游赋能旅游、IP 高质量发展[J].旅游学刊，2022，37(2)：10-12.

越式发展的重大举措。其中的"游云南 App"功能丰富，游前观看"慢直播"选择旅游目的地，提前感受云南之美；游中刷脸入园、语音导览、找厕所等功能让你畅游无阻；游后一键投诉、退货功能解决后顾之忧，智慧机场数字平台依托华为云，融合 AI、视频、大数据等新技术，实现登机全环节秒级验证、无感畅行，旅客"一张脸走遍机场"。另外，还有北京市延庆区的"长城内外"、苏州市的"君到苏州"、南宁市的"乐游南宁"等智慧旅游公共服务平台，都为游客带来了更好的旅游品质保障，让游客的旅游过程更顺畅，提升了旅游的舒适度和满意度。

2. 旅游管理的智慧

2022年，国家智慧旅游建设工程着力推进智慧旅游"上云用数赋智"行动计划，该计划提出提升旅游行业监管效能，完善5G基站、大数据中心等数字基础设施，推动文旅资源的数字化转化与旅游企业的数字化运营和管理，全面提升行业的数字化应用水平，构建以互联网、物联网、大数据等为支撑的旅游行业监管平台，快速呈现旅游目的地、旅游企业的运营、客流动向，以及旅游投诉等内容，帮助旅游管理者快速做出监管预判和监管决策，极大提升了监管效能[①]。

现代先进的科技设备助力智慧管理更加完善。网络技术、云技术、传感器技术、射频技术、智能信息处理技术、云计算等成为城市运营管理工具，通过计算机远程访问系统设置的政府旅游部门子平台，可以准确了解辖区内各个旅游景区的运营情况，实现对旅游景区的实时监控，预测景区未来的运营状况[②]。

智慧旅游还鼓励和支持旅游企业广泛运用信息技术，改善经营流程，提高管理水平，提升产品和服务竞争力，增强游客、旅游资源、旅游企业和旅游主管部门之间的互动，高效整合旅游资源，推动旅游产业整体发展。

3. 旅游营销的智慧

智慧旅游推动粗放式营销向精准式营销发展。智慧旅游从管理工具入手，通过实时监测、数据分析、数据可视化等应用场景将大数据与实施需求

---

① 吴丽云. 实施国家智慧旅游建设工程助力旅游业高质量发展[N]. 中国旅游报，2022-01-18(003).
② 吴洪梅. 大数据背景下智慧旅游管理模式的构建[J]. 现代企业，2022(2)：33-34.

连接起来，挖掘旅游热点和游客兴趣点，为旅游管理者提供决策依据[①]。依据大数据平台，旅游企业可以充分挖掘用户信息，包括性别层次、客源地结构、出游时间、出游动机、消费偏好、景区选择偏好等信息，更加精确地划分旅游市场[②]。智慧旅游拓展了旅游新媒体营销渠道，微信公众号、App、微博以及小程序等主流应用平台，抖音、快手等短视频直播平台也成了旅游推广与营销的新阵地。

另外，基于数字化的旅游营销方式还包括地方文化旅游景点与具有一定影响力的知名网络平台达成深入合作，如利用有声故事资源与高德、百度等数字地图平台合作，又如与类似携程、途牛、驴妈妈等大众旅游服务公司合作，让旅游信息通过大众平台在更大的范围内被推广。智慧营销更加注重精准化、碎片化、移动化，还充分利用新媒体传播特性，吸引游客主动参与旅游的传播和营销，并通过积累游客数据和旅游产品消费数据，逐步形成自媒体营销平台。引导旅游企业策划对应的旅游产品，制定对应的营销主题，从而推动旅游行业的产品创新和营销创新。

三、智慧旅游在旅游业发展中的地位和作用

(一) 智慧旅游是旅游业转型升级的重要依托

从旅游城市转型升级看，智慧城市成为很多城市由管理型转向管理服务型城市的最佳选择。智慧城市建设已经覆盖全球，美国、日本、韩国、新加坡等纷纷从国家层面提出和着手建设智慧城市，并设立智慧城市示范城市；中国也将智慧化建设上升到整个城市规划的重要高度，并制定专门政策纲领保证实施，有近百座城市提出建设智慧城市或者将城市的智慧化建设纳入城市建设规划纲要中。智慧城市建设为我们指明了城市未来发展的重要方向，是实现城市集约、绿色、和谐发展的必然途径。

智慧旅游与智慧城市的结合，为旅游城市的转型提供了路径。建设智慧旅游城市，依托智慧城市建设的基础设施(特别是网络硬件和虚拟平台)，

---

① 曲凯.大数据在全域旅游智慧营销应用上的探讨[J].旅游学刊，2017，32(10)：9-10.
② 张建涛，王洋.大数据背景下智慧旅游管理模式研究[J].管理现代化，2017，37(2)：55-57.

发展智慧旅游公共服务体系，可实现旅游城市在管理和服务旅游者（包括休闲居民）等方面的提升和突破。智慧城市已经成为国内外众多城市实现转型的重要方向，中国优秀旅游城市转型的直接目的，是进一步优化城市旅游环境，完善城市旅游功能，提升城市旅游管理水平和服务质量。但其本质是通过扩大旅游消费需求，促进城市建设，提高城市开放程度、文明素质和国际化水平。旅游城市的智慧化转型符合旅游业信息化发展的大趋势，是旅游业与信息技术产业融合发展的集中体现。借助智慧化理念与手段，优秀旅游城市的旅游业发展所依托的条件和支撑实现全面、系统的提升和完善，从而为旅游业的发展创造良好的条件。

从旅游产业转型升级看，旅游服务业虽然也强调游客需求的"至高无上"，但限于需求满足能力上的不足，往往还是以供给方的价值体系将旅游产品和服务提供给旅游者群体，虽然这些旅游产品在一定程度上考虑了旅游者的个性化需求，但尚不能围绕游客的需求开展旅游产品的开发和提供。智慧旅游的出现，为旅游产业的转型升级提供了新的思路和手段：其一，智慧旅游催生了新型旅游服务组织（企业）。由于智能移动终端及其开放平台的快速发展，基于移动终端的各种信息服务软件，如位置的信息服务（LBS）、手机电子地图服务、手机 SNS 社区、App 等，由各种类型的软件类企业研发成功并应用于旅游者服务，成为新型高端旅游信息服务企业。其二，智慧旅游促进了旅游服务企业的转变。酒店、景区、旅行社、旅游车船公司等都可以通过改变原有的服务和管理流程来实现对游客的最佳服务，同时大大降低服务和管理的成本。如旅游车船公司通过 GPS 装置可有效监控司机的服务行为；旅行社通过为导游提供移动终端获取当前位置和行动线路信息，进而可以监督旅游订单执行的质量；酒店通过构建智慧型酒店，可增强其竞争力，并可在对游客贴身服务方面实现突破；景区可通过智慧旅游导游导览软件优化对游客的各种信息服务。其三，智慧旅游使旅游管理部门有能力获取更多关于游客的实时信息，在游客疏导、救援、投诉处理等方面更加便利和高效，而且可以通过游客使用智能移动终端的数据，来对游客的行为进行分析，进而为政策、标准、预测等制定提供依据。

(二)智慧旅游是旅游目的地深化旅游信息服务的有力抓手

旅游目的地的旅游信息服务,已经建立起一套体系,如12301呼叫中心体系、游客咨询服务中心体系、游客集散中心体系、旅游目的地资讯网站等,但这些体系在信息整合利用方面,尚存诸多弊端,如12301一般只能提供静态的信息,对于游客需要的一些动态信息往往限于信息采集渠道不够通畅而无法提供或信息滞后;游客集散中心提供的一般是常规性的旅游产品信息而无法满足游客个性化信息需求;资讯网站信息的滞后性和信息获取的不便性,使得游客利用起来不够方便。目前,旅游目的地对游客的信息服务体系往往是"各司其职",不容易完全整合信息服务并提供动态旅游信息,而通过智慧旅游的手段,如移动终端设备,可以很好地整合目的地相关服务信息并推送给游客,也便于游客在旅游过程中获取动态的信息及解说、导览服务,作为旅游目的地管理机构可以抓住移动终端的各种服务软件及系统,为游客提供贴身的旅游信息服务,并以此为起点整合现有的信息服务手段,实现旅游信息在旅游目的地层面的互联互通。

旅游目的地对游客信息服务可以分成三个阶段:行前服务阶段,在实地旅游服务阶段,在旅游活动结束后。旅游目的地可以根据游客出行的三个阶段,以智慧旅游为抓手提供全方位的信息服务:其一,行前服务阶段,可以通过互联网网站和移动网站,把游客决策阶段需要的旅游信息很好地进行分类,并有序地推送给游客,对于老顾客还可以根据上次旅游情况有针对性地进行信息推送。其二,实地旅游服务阶段,把景区、景点的现场解说变成一种触发式自助语音服务发送到游客的移动终端,把游客当前位置的地图发给游客,把景区疏导信息、天气变化、餐饮服务等信息及时通过游客手持移动终端告知游客。其三,在旅游活动结束后,通过游客的移动终端来实时收集游客的评价信息,以便改进信息服务,并可以在游客回到客源地之后加强与游客的沟通和联系,对游客通过各种社交网络发布的各种与该目的地相关的信息进行跟踪和评价,实现对该游客好友的营销信息推送。

(三)智慧旅游是提升游客满意度的有效途径

智慧旅游最直接的结果就是提供给游客个性化的选择进而提升游客的

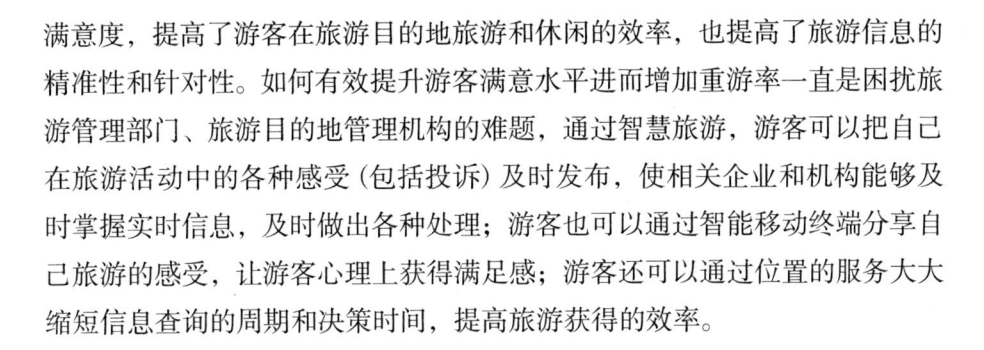

满意度，提高了游客在旅游目的地旅游和休闲的效率，也提高了旅游信息的精准性和针对性。如何有效提升游客满意水平进而增加重游率一直是困扰旅游管理部门、旅游目的地管理机构的难题，通过智慧旅游，游客可以把自己在旅游活动中的各种感受（包括投诉）及时发布，使相关企业和机构能够及时掌握实时信息，及时做出各种处理；游客也可以通过智能移动终端分享自己旅游的感受，让游客心理上获得满足感；游客还可以通过位置的服务大大缩短信息查询的周期和决策时间，提高旅游获得的效率。

四、智慧旅游的意义

与其说智慧旅游在我国的起步缘起偶然，不如说这是一场万事俱备，只欠东风的深谋远虑。随着技术支持、群众使用基础等应用载体逐步完整，消费需求寻求创新，企业转型寻求突破，在巨大的市场支撑和强大的政策支持下，智慧旅游逐渐浮出水面，为旅游业的革新寻求突破、赋活生机、增添动力。

(一) 智慧旅游对旅游服务和管理的意义

1. 智慧旅游丰富了产品供给

智慧旅游在科技赋能下，不断创新产品展示手段和旅游业态，为人们提供了更加丰富的旅游产品。例如，酒店业的智慧化——自助入住、自助退房、酒店送餐机器人等的应用，使得未来酒店的实现不是梦；声光电等技术在旅游演艺上的应用，给予观众美妙的沉浸式体验；基于VR、AR、AI、XR等技术打造的主题公园，散发着浓浓的未来科技感。

2. 智慧旅游提升了旅游服务

智慧旅游背后的大数据技术为游客提供高效的预约服务，景区推出的自助讲解、地图导航等能够使游客精准获取自己想要的信息，提升了游客的旅游体验。

3. 智慧旅游提升了管理效率

智慧旅游提高了数据的处理速度，打通了旅游前台与后台之间沟通渠道。例如，旅游线上投诉平台，不仅使游客投诉有"门"，而且使相关部门能够快速地处理投诉信息，还可以定期进行数据统计，从而对旅游服务的薄

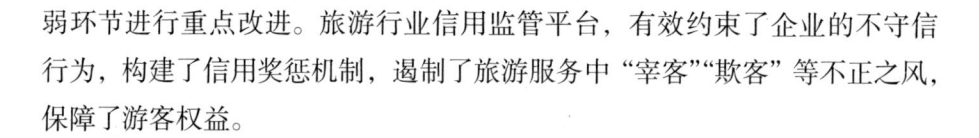

弱环节进行重点改进。旅游行业信用监管平台,有效约束了企业的不守信行为,构建了信用奖惩机制,遏制了旅游服务中"宰客""欺客"等不正之风,保障了游客权益。

(二)智慧旅游对旅游业现代化的意义

智慧旅游是旅游业真正迈向现代服务业的重要依托。通过智慧旅游整合旅游业及相关行业的资源,进一步理顺旅游业价值链及各种旅游机构的相互关系,可使旅游业顺理成章地成为现代服务业。智慧旅游必须借助现代化的信息通信手段才能实现,这些手段主要包括云计算、物联网、移动通信、位置服务、泛在计算等。通过引入这些技术手段,可使旅游业要素形成旅游产品的过程以旅游信息的方式表现和传播,这些旅游信息的交换、传播反过来促进旅游业各种要素关系的进一步优化,使旅游价值链更加完善,旅游信息流更加通畅,能够促成新型旅游信息服务企业的产生和发展,也能够吸引更多其他行业类型企业与旅游业开展各种方式的合作。所有这些过程都在对旅游业进行着某种程度、某种方式的改革,使其更加贴近现代服务业,同时通过淘汰、并购等进一步优化旅游产业的组织结构和协作方式。

(三)智慧旅游对旅游产业融合的意义

智慧旅游使旅游产业融合有了更广阔的可落实空间。产业融合是旅游业的天然属性,无论是在旅游发展阶段还是现代旅游发展阶段,产业融合一直在以各种方式进行。住宿业与旅游业融合形成酒店行业,航空公司与旅游业融合形成旅游航空业,信息服务与旅游业融合形成旅行社行业。现代旅游中金融与旅游融合形成旅游金融服务业,信息通信技术与旅游业融合形成旅游电子商务行业。智慧旅游对旅游产业融合的需求更加强烈,如果没有物联网、移动通信技术、云计算技术、GPS技术的发展,就不可能有智慧旅游的产生;如果没有游客对服务便利性、高效性的需求不断增加,也就不可能有各种信息服务手段的融合。智慧旅游进一步强化了产业融合的效果,也使旅游业真正融入国民经济的各种产业当中,成为一种综合性极强而又具有很强带动作用的产业。借助于智慧旅游,各类新型技术企业、城市公共服务提供机构能够把旅游业各种要素有机整合起来,为游客提供一站式的新型旅游服务。而且在智慧旅游模式不断创新的情况下，会催生出更多的产业与旅游产业融合，并且会带来更好的融合效果。

分析智慧旅游的意义，也可以从其面向和使用的对象来看，智慧旅游的建设主要作用于游客出游、企业经营、政府管理、人才教育等方面。对于游客，智慧旅游是解决并满足其个性化需求的必然选择和获得旅游公共产品和服务的主要渠道；对于企业，智慧旅游将促进其形成由线下服务转变为线上线下相结合、相辅相成的经营模式，并更加充分地展示其形象和产品，加快对旅游资源的深度开发和旅游创意产品的打造，进一步放大其综合效益；对于政府，智慧旅游有助于其完善旅游公共服务，提升管理与服务的效率；对于涉旅人才培育，智慧旅游可以创新人才培养方式和内容，以适应不断变化的旅游现状[1]。

智慧旅游就是要通过互联网、物联网、通信网络平台的支持和多种先进信息技术的应用，为政府主管部门提供决策依据，提高政府的工作效率，由政府向电子政府过渡。智慧旅游可以为旅游企业提供及时的旅游信息，为企业的市场营销、线路设计提供技术上的支持；也可以为旅游者个人提供旅游地与旅游有关的各种旅游信息和预订服务，并可针对旅游者的喜好为旅游者定制特色线路，同时虚拟现实技术可让旅游者提前进行体验；更可以为旅游专业院校的学生提供虚拟的实习环境，为旅游教学服务。

智慧旅游是对旅游的一种提升，其主要目的是感知旅游者、旅游资源、旅游经济、旅游活动等方面的信息，并及时传送和挖掘分析。这样一方面提升了旅游体验和旅游品质，另一方面引导旅游企业策划对应的旅游产品，并推动整个旅游产业链的创新营销，改变整个旅游走之前"一无所知"，走之后"胆战心惊"，回来后"一无是处"的局面[2]。

---

[1] 会卫东. 智慧旅游与旅游公共服务体系建设 [J]. 旅游学刊，2012，27(2)：5-6.
[2] 高振发，刘加凤. 智慧城市背景下智慧旅游基本内涵的诠释 [J]. 宁波职业技术学院学报，2013，17(5)：70-73.

第三节　国内外智慧旅游发展演进

一、国外典型国家智慧旅游开展概况

基于当前智慧旅游的建设主要分布于欧美及亚太地区的现状，本书选取英国、德国、新加坡及西班牙为案例地，对其智慧旅游建设的部分实践展开介绍，期望从这些地区相对成熟的智慧旅游建设经验中得到些许启发和借鉴。

（一）英、德开发的"智能导游"

2009年，英、德两国合作开发了一款电子化的导游App，其目的在于推进文化旅游事业的发展。这一软件建立在AR技术的基础上，引导游客能够在语音的引导下，获得现实体验。

游客在进行游览时，要通过摄像头来展示眼前的古迹。通过智能App对图像进行鉴别，与全球卫星定位相互匹配。从游客的角度，将鼎盛时期的古迹风貌展示出来，还原部门虚拟场景。比如，在来到科洛西姆圆形竞技场后，能够通过画面观看角斗士格斗的场景。各种画面相互交换，切换自如，能够感受到现场游览的乐趣。

当下，欧洲深入拓展出各种各样的远程处理技术，下一步将继续推出全球交通无线网，更好地实现智慧网络建设，完善电子续费、导航等多种功能。主要包括：旅行信息系统（ATIS）、车辆控制系统（AVCS）等。

（二）新加坡旅客智慧卡

早在2006年，新加坡就持续推进"2015智慧国"建设，明确了未来发展的基本理念，更好地推进"智慧国"转型发展。

游客在去往新加坡之前，需要通过网络申请"智慧卡"，它能够更好地进行生物认证，将旅客样貌、指纹留存下来。游客可以通过网络对当地的产品进行订购，当地相关部门能够通过电子邮件将条形码发送给游客。游客在到达目的地之后，能够通过条形码将智慧卡印发出来。只需要对智慧卡进行扫描，就能够对其生物特征进行核对校验，持卡者的身份就更为明确，可以

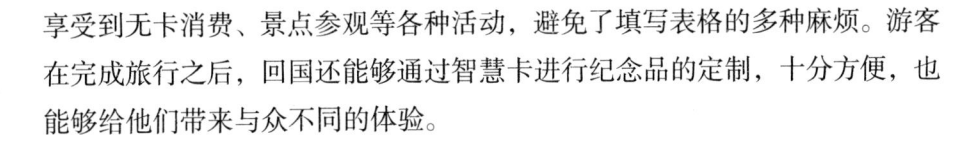

享受到无卡消费、景点参观等各种活动，避免了填写表格的多种麻烦。游客在完成旅行之后，回国还能够通过智慧卡进行纪念品的定制，十分方便，也能够给他们带来与众不同的体验。

(三)"智慧旅游之都"西班牙瓦伦西亚

2021年11月，欧盟评审部门从不同的角度，包括数字化发展、持续性发展、可到达性、创新发展以及友好度等方面挑选出30多个国家，评价出了"2022欧洲智慧旅游之都"——西班牙瓦伦西亚。

该城市不断建设智慧旅游系统。比如，利用更为准确地计算详细分析了水足迹、碳足迹，可以有效减少或者是避免碳排放量，同时，要在2025年更好地促进碳中和。从服务游客的角度来看，瓦伦西亚致力于探索信息化服务、机器人聊天等多种交流渠道，游客能够随时享受到便捷化服务。此外，瓦伦西亚从遗产以及艺术设计的角度做出了多方面的不懈努力，使其魅力大增，发展空间较之前明显拓展。

建设国外智慧旅游项目的过程中，要凸显以人为本的理念。要立足于游客的角度，将网络与科技结合起来，在特殊的场景下服务于旅客的诉求，让行程体验变得更加丰富，满足个性化服务的基本诉求，同时，也使得游客的旅程变得更为便捷。然而，在对国外智慧旅游产品进行管理时，还存在一些突出的问题，怎样更好地处理游客之间的纠纷？如果要想对旅游行业的发展进行一定的干预，如何才能发挥出智慧旅游的多元化功能？在政府的职能有所缺失的情况下，如何将其管理功能体现出来。同时，国外的智慧旅游建设中，政府补贴是主要的方式，对其商业模式的探索目前还不够明确。

当下，一些发达国家包括日本、英国、法国等都致力于促进休闲、交通、文化、休闲行业等发展与旅游部门发展的结合，上述国家明确了国家旅游的基本职能定位。此外，从旅游公共服务发展来看，政府增加了大量的投入，现代化发展达到了一定的阶段，涉及多个方面的内容。不管是在哪一个区域都能够看见"i"字符，还有各种各样免费的旅游信息。游客需要多种多样的旅游咨询服务，这些都是由相应的旅游服务机构来满足的。

二、国内智慧旅游的实践演进

2021年3月,《中华人民共和国国民经济和社会发展第十四个五年规划和2035年远景目标纲要》为旅游业提出了创新发展新要求,推动新一轮科技革命和产业变革深入发展,将深刻影响旅游信息获取、供应商选择、消费场景营造、便利支付以及社交分享等旅游全链条,同时要充分运用数字化、网络化、智能化科技创新成果,升级旅游业态,创新产品和服务方式,推动旅游业从资源驱动向创新驱动转变。

镇江于2010年率先引入"智慧旅游"理念,开展相关项目建设。智慧旅游的核心技术之一"感动芯"技术在镇江市研发成功,并在北京奥运会、上海世博会上得到应用。中国标准化委员会批准"无线传感自组网技术规范标准"由镇江市拟定,使得镇江市此类技术的研发、生产、应用和标准制定在全国处于领先地位,为智慧旅游项目建设提供了专业技术支撑。2011年5月,国家旅游局下文同意在镇江设立"国家智慧旅游服务中心",试水智慧旅游设备、软件、应用模式的研制、开发、试点与推广活动,为全国的智慧旅游建设发展提供示范。

2011年5月,江苏7地市南京、镇江、苏州、无锡、常州、扬州、南通结成"智慧旅游城市联盟",推动智慧旅游从城市建设向城市群、区域性智慧旅游发展,争取形成点、线、面、网的连接和结合,为智慧旅游的集约化发展创造先决条件。

在我国将智慧旅游写入"十二五"旅游发展规划后,全国各地开始了智慧旅游实践探索。南京智慧旅游公共服务体系围绕为游客服务、为管理服务两条主线,规划建设了智慧旅游公共数据服务中心,推出了"南京游客助手",开发了新型游客体验终端,搭建了乡村旅游营销平台,开设了旅游执法e通,并在玄武湖公园、红山森林动物园进行"智慧景区"试点建设[1]。

云南省开发了"一部手机游云南"App,整合机票、酒店、美食、交通出行等功能,连接携程、艺龙、美团、滴滴等服务供应商,另外,还开通了最为亮眼的直播功能,通过架设在景区里的高清摄像头,实现景区24小时

---

[1] 金卫东. 智慧旅游与旅游公共服务体系建设 [J]. 旅游学刊,2012,27(2):5-6.

实况直播[①]。

北京以便捷信息查询和投诉、游客个性化行程定制、自助旅游等为特点，编制了《北京智慧旅游行动计划纲要（2012—2015）》《智慧旅游数字业态建设规范》，开发了自助导游和导览、虚拟旅游系统和旅游信息触摸系统等。这些建设在很大程度上提升了我国旅游的信息化水平。

2019年，安徽省合肥市开发了文旅合肥App。这款软件运用云计算、大数据等技术实现了在线直播、虚拟旅游、实时导览等多种功能，内容涵盖旅游景区、住宿、美食、农家乐、文化旅游、乡村旅游、"非遗"传承等全要素，合肥智慧文旅平台李府景点对接安康码实现游客预约，酒店通过淘宝、京东平台完成预订，景区与高德地图合作实现导览和音频讲解[②]。

入选"2021年智慧旅游典型案例"的温州市推出了"易游温州"一键通智慧服务。不仅能使主管部门通过大数据监测管理平台对客源进行动态监测分析，还能通过5G融媒体彩信精准推送+百度搜索引擎主动推广+移动端信息等文化旅游综合数字化服务内容为游客进行精准推送。

除城市智慧旅游发展空前火热之外，作为智慧旅游市场主体的移动通信运营商，在线电子商务企业淘宝、去哪儿、携程，航空企业的国航、东航等也纷纷尝试智慧旅游业务，不断改变自身运营模式，颠覆既有的市场格局。

在政府的大力推进下，旅游业紧跟智慧化的脚步踏上了转型之路。但我国旅游有效供给不足、市场秩序不规范、体制机制不完善等问题日益突出。在智慧旅游方面，主要体现在行业管理体系不完善、沟通信息不顺畅、服务质量无法满足消费者需求等问题。

国内智慧旅游的建设一直保持着旅游服务、旅游营销和旅游管理三大板块功能齐头并进的发展态势。当前，诸多旅游目的地缺乏信息与资源统一管理平台，行业乱象频生，缺乏有效监管手段，应急指挥能力弱，政策通知下达慢，并且在营销方面，缺乏整合营销管理手段。在各大法定节假日期间，全国范围内各景点拥堵严重，缺乏有效的预警疏导管理，对于游客也缺

[①] 邵宇航."互联网+全域智慧旅游"发展模式探析——以"一部手机游云南"App为例[J].今传媒，2019，27(5)：77-79.
[②] 罗成奎.智慧旅游视角的合肥市云旅游发展研究[J].现代交际，2021(22)：251-253.

乏有效的反馈渠道与反馈机制。

中国智慧旅游试点建设存在明显不足，如智慧旅游科技研发与实施技术力量薄弱、盲目跟风、概念炒作，智慧旅游建设标准和评价体系缺失等。在数据方面，也存在着数据散乱的现象，容易形成信息孤岛。

除住宿、景区等旅游设施之外，游客在整个旅行过程中产生较多担心与不满的是关于旅游相关的交通信息咨询、沿途休息、公共卫生间、社区环境以及紧急情况下的救援和投诉等，这也是中国与旅游发达国家差距比较显著的方面。

相比国外智慧旅游项目，国内智慧旅游服务的功能则没有那么酷炫，体验也没有那么丰富和多样化，但是旅游的魅力则在于游客的亲身体验和线下服务，相比英、德开发的智慧旅游产品，国内智慧旅游产品的开发则需要更多技术手段的支持以及开发者从游客角度出发，在特定场景下想象力的极大丰富。从旅游营销和旅游管理方面来看，国内智慧旅游项目的开发，相比国外项目更有优势，这可能与国内智慧旅游项目是政府部门主导有关。

第六章　旅游智慧化模式构建的理论

第一节　旅游智慧化模式的要素支撑

智慧旅游的各个要素搭建起了系统运行的框架,为旅游过程的良好循环提供了支撑。姚国章早在2012年就对"智慧旅游"的概念和旅游业务发展特点进行了分析,他认为智慧旅游主要有智慧服务、智慧商务、智慧管理、智慧政务四个表现形式[①]。本书沿用这一认识,主要从"智慧服务""智慧商务""智慧管理""智慧政务"四方面对智慧旅游的表现形式进行介绍。

一、智慧服务

当前,旅游者的需求已经转向个性化出游,更加注重旅游体验。美国未来学家阿尔文·托夫勒也在其著作《未来的冲击》中指出:"我们正在从满足物质需要的制度迅速过渡到创造一种与满足心理需求相适应的经济。""后服务业时代"的市场环境要求服务提供者以客户体验为中心,注重客户在消费过程中的感官(sense)、情感(feel)、思考(think)、行动(act)、关联(relate)五个方面的感受[②]。

智慧旅游正是以满足游客从旅游发现到旅游体验的各种需求为中心,为游客提供了游前、游中、游后的全程化服务。游前进行产品预订和预先结算,游中实时搜索旅游信息并获得帮助,游后进行有效的信息反馈。智慧旅游,让游客便捷地享受到高质量的旅游产品。

服务是未来旅游持续发展和赢得市场主动的根本。智慧服务是智慧旅游的核心业务,是驱动智慧旅游前进的关键动力。智慧服务的主要表现有以

[①] 姚国章."智慧旅游"的建设框架探析[J].南京邮电大学学报(社会科学版),2012,14(2):13-16,73.
[②] 韩林.基于体验经济下的智慧景区信息化产品创新研究[J].旅游论坛,2014,7(6):70-73.

下两点。第一，通过科学的信息组织和人性化、个性化的呈现方式让游客舒适便捷地获取旅游信息，帮助游客更好地进行旅游决策，如通过智能手机的旅游应用软件提供位置导航、电子地图、预订系统等实时信息服务。第二，通过物联网、无线技术、定位监控技术等技术实现信息的传递和实时交换，让游客的旅游过程更顺畅，为游客带来更好的旅游安全保障和品质保障，如酒店中运用 RFID（射频识别技术）进行入住办理和退房等服务，房间内通过平板电脑获取点餐信息、房间娱乐信息及周边设施信息，景区、旅游吸引物的三维实景（信息）展示和游览过程中的随身导游导览等。

智慧旅游带来的新技术新模式促使旅游者的消费观念和消费习惯发生了前所未有的变化，旅游逐渐变得越来越简单便捷，越来越省钱省事，也促进了数据的双向流动与信息的对称交流，消费移动化、需求个性化、目的地 IP 化、产品细分化的趋势推动了"碎片化旅游时代"的到来。

在新兴信息技术中，云计算技术的日趋成熟以及智能终端设备、移动互联应用的迅猛发展，为智慧旅游云服务平台的建设提供了技术保障，云服务成为人们工作生活中的重要技术载体和动力，是智慧旅游服务实现的重要支撑。云计算的特点包括：在技术实现上的资源按需分配与信息汇聚处理，架构思想上的平台弹性可扩展、运行联通服务化[1]。

智慧旅游云服务所提供的解决方案是一项多向交互、动态复杂的系统工程，具体包括：旅游信息网络运营商、政府部门及旅游产业链各环节的旅游资讯发布及数据更新，涉旅企业之间、企业与消费者之间、消费者之间、产学研之间的交互[2]。

二、智慧商务

旅游电子商务是整合旅游企业的内外部资源，通过电子商务平台，进行旅游信息和旅游产品的在线发布和销售。除携程、途牛等 OTA 平台外，淘宝、京东等电商也开辟出旅游电商业务来分享旅游市场蛋糕。另外，本地生活服务商美团、大众点评等也开始成为旅游信息分享的前沿阵地。

---

[1] 庞世明，王静."互联网+"旅行社：商业模式及演变趋势 [J]. 旅游学刊，2016，31(6)：10-12.
[2] 张红梅，梁昌勇，徐健. 智慧旅游云服务概念模型及服务体系研究 [J]. 北方民族大学学报（哲学社会科学版），2016(1)：138-141.

第六章　旅游智慧化模式构建的理论

智慧商务主要是针对旅游服务提供商而言的，主要包括 B2C（Business to Customer）、O2O（Online to Offline）、C2B（Customer to Business）三种交易模式。从旅游参与企业的业务需求来看，旅游智慧商务重点建设项目主要包括交互式智慧旅游营销平台、目的地智慧营销系统、智慧旅游产业联盟、旅游电子商务示范工程以及旅游产品网上营销等[①]。

在旅游高质量发展的新时代，旅游营销模式也开始发生转变。在智慧旅游环境下，旅游营销逐步精准化、细分化与碎片化。第一，旅游产品供应商利用数据技术精准地描绘分析消费群体，定位消费者的旅游偏好、消费能力等信息，从而策划更加精准的市场营销方案。第二，旅游目的地营销无孔不入，微博、微信等社交媒体渠道也成了旅游目的地营销的重要方式，旅游目的地充分利用微信公众号，借助抖音、快手等短视频平台吸引游客眼球，通过网红直播打造热门产品，借助各类营销话题借势推出优势旅游产品，达到高效营销的目的。

旅游目的地"智慧营销"是旅游电子营销的延伸与升级。两者虽然都注重数据信息的整合与利用，但两者所达到的深度与收集信息的广度有所不同。现代信息技术的发展，使得某种程度上用户在数据面前没有秘密存在。现代信息技术则是最大限度地搜集用户信息，并建立数据之间的联系，在数据层面重构用户，从而进行用户偏好的精准预测。智慧营销建立的用户画像更加具体，预测性更准确，人工智能技术的利用，使得游前、游中、游后的互动更为紧密，营销手段更为有效。

在目标上，旅游目的地"智慧营销"是以实现旅游目的地与游客建立、发展、巩固关系为目的的营销方式[②]，即强调游客与旅游目的地之间 4R（Relevance 关联、Reaction 回应、Relationship 关系、Reward 回报）的构建与完善。智慧营销寻求目的地与游客之间的互动，增强游客与旅游目的地之间的黏性，从而建立游客的地方依恋，形成某种感情上的关系，从而促进游客对目的地的重游和推荐等行为意向。

在互联网、移动互联网、大数据、AI 等科技浪潮席卷而来的当下，旅

[①] 姚国章. "智慧旅游"的建设框架探析 [J]. 南京邮电大学学报（社会科学版），2012，14(2): 13-16, 73.
[②] 林著飞. 旅游目的地智慧营销的理论与方法 [J]. 旅游研究，2014，6(2): 56-61.

游营销也颠覆了以往旅游业"一刀切"、低效率的营销方式，与科技和消费需求转型紧密结合，向精准营销、整合营销、圈层影响等方式转变。对于旅游行业而言，数据的获取、分析、应用可以帮助企业更好地了解用户需求，精准定位目标关注人群。

当今媒体环境正在发生变化，互联网进入圈层营销的时代，大数据成为影响企业形象的重要依据。无论是互联网还是移动互联网，智慧营销不仅仅意味着信息化的工具发生改变，通过整合营销实时互动沟通，其对品牌塑造也将产生深远影响。智慧营销可以迅速将所有的品牌、广告、代言人、电商评价等数据进行归拢，使企业管理者对企业经营情况大数据一目了然，从而帮助企业寻找恰当的品牌形象。

新型的智慧营销，不仅要求我们根据用户画像匹配相应资源，有的放矢，而且需要整个营销活动可追踪、可量化、可优化，形成以数据为核心的营销闭环链条，从而实现在合适的时间、地点，以合适的方式传达给消费者合适的信息。

新时代下的智慧营销，以为消费者提供一对一的个性化营销为本质，依靠先进的营销技术，搭载创意，生产新奇内容，实现从陌生到消费的连接、参与、培育和转化的智慧营销闭环。

智慧营销闭环的打造离不开智慧营销体系。智慧营销体系包括活动营销系统、营销自动化和营销预测技术。其中，营销系统中包含所有的用户数据，包括用户消费行为、社交行为、商品兴趣、标签和旅程等，营销自动化则将用户数据从身份象征、生活风格、消费行为、社交行为、商品偏好，以及到店行为 R（间隔）、F（频次）、M（花费）自动形成会员标签，并统一汇总到客户数据库中，以此为核心建立更加清晰完整的用户画像。营销预测技术则根据这些画像清楚地预测用户的旅游偏好和行为动向，从而为游客精准推荐其感兴趣的产品与活动。智慧营销体系通过多系统的数据融合，完成客户培育转化。

三、智慧管理

智慧管理是特别针对旅游活动来讲的，它是通过智慧化方式综合实施旅游路线、景点、交通、住宿等多种类型资源进行集中化智慧管理的一种重要方式，能够优化管理的水平，营造出更大的管理效益[1]。

通过智慧技术大力促进旅游管理迈上新阶段，这是促进旅游行业发展建设，持续发展以及健康发展的一个重要支撑[2]。吴乔华强调要促进智慧旅游平台发展质量的不断提升，安装各种各样的防护系统、应急系统，促进智慧旅游信息化建设水平的提升，完善环卫管理系统、互联网安全系统等，同时，也要促进应急指挥中心的特色化建设，完善应急指挥机制，能够在第一时间进行现场应急、发布信息、可视化管理、灵活化调度、集中化培训等，促进智慧化机制的建设，能够让游客的满意度不断增强，完善景区的形象，促进旅游品质的不断提升，确保城市的综合竞争水平不断提升，公共服务能力持续增强，服务形象更为完善[3]。智慧旅游模式主要包括构建完善的管理平台、促进旅游企业平台完善[4]。智慧旅游管理要更多地侧重于量化考核的层面，明确设置具体的指标，从多个方面对景区进行完善的考核监督[5]。

四、智慧政务

为了全面提升政府主管部门对于旅游业发展的管理水平，持续提升其公共服务能力，智慧政务应运而生。这也是持续促进旅游信息化建设的重要一步，能够提升其智慧化建设的效率。智慧政务有效解决了公共服务中的"市场失灵"问题。智慧政务综合体现了"以公众为中心""惠及所有人""泛在""无缝""透明的政府""回应的政府""变革的政府""一体化的政府"的理念[6]：政府将更加智能、更加高效、更加透明，智慧政务所带来的简便、透明、自治、移动、实时、智能和无缝对接等特征能够在一定程度上克服公共服务领域内"政府失灵"的情况，从而创新公共服务机制，促进公共服务水平的提升。

智慧政务有助于帮助相关的政府主管部门实现更高水平的政府管理，

---

[1] 唐玮，张蓉.贵州省智慧旅游体系的发展初探[J].旅游纵览(下半月)，2018(10)：138-140.
[2] 姚国章."智慧旅游"的建设框架探析[J].南京邮电大学学报(社会科学版)，2012，14(2)：13-16，73.
[3] 吴乔华.基于智慧广电打造智慧景区的实践探索——以黎里古镇智慧旅游综合服务平台为例[J].中国有线电视，2021(8)：820-822.
[4] 李婷婷.大数据背景下智慧旅游管理模式探究[J].当代旅游，2021，19(7)：35-36.
[5] 郭又荣.智慧旅游何以更加"智慧"[J].人民论坛，2019(8)：76-77.
[6] 国外推行电子政务公共服务的主要理念。

确保公共服务水平迈上新台阶，从更加全面的角度促进旅游信息向着智慧化的方向发展，这是一项关键的举措。智慧政务的建设目标是持续优化政府的职能，促进行政审批方式的改变，确保行政效率持续提升，公共服务迈上新阶段，企业能够更好地服务于群众。通过网络建设与政务信息之间的整合，全面提升行政审批的质量，持续完善互联网审批的基本流程，实施更为标准化的管理，确保行政服务中心建设更加完善，真正打造效率更高、更加便民、更为务实的服务型政府，真正让群众受益。

为了持续构建完善的公共服务机制，推进公共服务体系的完善化建设，不同的学者着眼于不同的维度，对于相关的制度进行了深化分析。国外的研究者强调，制度安排可以有多种类型。在他们看来，不管是公共部门还是私人部门，它们彼此之间的竞争能够持续提升公共部门的服务质量与服务效率，对于公民来讲，他们能够通过更低的价格，享受更为便捷的服务；此外，多种多样的新公共理论使得这一体系的建设更为丰富和完善，要推进服务型建设质量提升，不再强调服务的掌舵性，而是持续推进服务行政内涵的完善。此外，还特别强调，公共管理者最终的价值并非通过对社会驾驭等方面来体现出来，需要对公民进行引导，更好地维护他们的自身权益。

从国内研究来看，沈荣华强调创新政府公共服务机制需要满足下述六个方面的诉求：构筑公众为引导的服务体系，参与到市场竞争当中，促进社会和政府之间的合作，让政府服务能够拥有完善的绩效评估体系，构筑服务于政府的协助模式，确保政府公共服务的责任体系不断完善[1]。郁建兴等研究者提出了一种复合模型，其目的在于完善公共服务的供给机制。它指的是，从不同的公共服务供给方来看，可以从供给与参与两个角度来分工合作。利用多元化、分散化的服务诉求，推进服务供给的非规模化建设，更好地满足服务的基本需要[2]。李爽等强调要构筑不同主体之间的复合发展模式，让社会、市场、政府等多方力量联合起来，更好地推进有效互补，打造完善的公共服务供给联动模式[3]。刘德谦强调，要促进公共服务体系结构的完善，

---

[1] 沈荣华. 论政府公共服务机制创新 [J]. 北京行政学院学报, 2004(5): 12-16.
[2] 郁建兴, 吴玉霞. 公共服务供给机制创新：一个新的分析框架 [J]. 学术月刊, 2009, 41(12): 12-18.
[3] 李爽, 黄福才, 李建中. 旅游公共服务：内涵、特征与分类框架 [J]. 旅游学刊, 2010(4): 7.

在他看来，除了基础的硬件设施之外，旅游公共服务体系还包括不同方面的分支内容，它们起到很好的辅助性作用[①]。

近年来，国家在政府内部大力推进信息化进程。智慧政务的内容既包括电子政务、移动政务等的深化应用，也包括基于智慧化技术的政府管理和服务模式的创新。政府陆续发布了一系列文件重点强调"数字政府"的建设，运用新一代信息技术，如云计算、大数据、人工智能、物联网、区块链等，促进政府与社会、政府内部间实现信息传递的即时性与精准性。政府工作报告中提到的"互联网+"行动计划，强调将互联网应用技术与经济社会各领域进行全方位、多层次、多元化、多模式、广渗透的深度融合，推动技术进步、效率提升和组织变革，并确定了提升公共服务水平"互联网+"益民服务的具体任务，提出旅游信息化提升工程。

无论是智慧服务、智慧商务、智慧管理，还是智慧政务，旅游业的智慧化都是与其他行业或部门紧密结合的；无论是面向消费者、企业，还是面向政府，智慧化的旅游业都离不开各个参与者的密切配合。智慧旅游的各个表现形式之间需要持续、深入地合作，智慧旅游也需要与智慧城市、智慧乡村乃至智慧中国的建设有机契合。旅游业本身作为一个综合性极强的行业，以孤立的眼光看待其发展是没有未来的，以孤立的思路进行智慧旅游的建设既缺乏根基，也寸步难行。

孤掌则难鸣，势孤则力薄。智慧旅游的建设是一项系统性工程，这也进一步凸显出智慧旅游顶层设计的必要性和广泛合作的重要性。

第二节 旅游智慧化模式的架构设计

一、智慧旅游总体架构

智慧旅游系统建设需要坚实的社会经济条件作为支撑，同时在保证信息安全的前提下强调互联网、物联网、云计算、移动通信等核心信息技术与旅游产业的结合应用，促进旅游业绿色化、现代化和可持续发展。

对于智慧旅游体系的架构，国内学者提出了不同的看法。刘军林、范

---

① 刘德谦. 关于旅游公共服务的一点认识[J]. 旅游学刊，2012，27(1)：3-4.

云峰：首先提出了智慧旅游的支撑体系，包括云计算、物联网、高速无线通信技术、地理信息系统、虚拟现实技术等[①]。杜鹏和杨蕾将智慧旅游发展建设策略分为社会支撑体系、旅游信息基础环境体系、智慧旅游资源管理与开发体系和智慧旅游应用创新体系，并提出相应的评价指标，当各个体系能够得到较为均衡发展时，将有助于克服和应对智慧旅游建设过程中可能遇到的困难和风险，使其处于较为全面和良性的发展阶段[②]。

二、智慧旅游信息生态架构

从所属行业来看，旅游业是信息密集产业，要想推进旅游活动更为顺利地进行，需要对信息进行交换，可以说整个旅游活动都伴随着信息的交换。在智慧旅游背景下，和之前的旅游业相比，对信息的智能化有着更高的要求。我们着眼于信息生态的维度，对于智慧旅游建设思路进行探索存在极强的必要性。

旅游活动要想开展得更为顺利，需要有稳定的信息生态环境为基础，这是一个重要的前提和根本的保障。谢镕键等强调，旅游信息生态系统具有多方面的特征，其中最为明显的是地域性、多样性，此外，还包括协调性[③]。

张秀英指出，所谓智慧旅游信息生态系统，特别强调的是从旅游信息服务的全过程来看，建立在云计算、物联网等基础上的，技术要求较高的智慧旅游服务平台，它以与旅游相关的各种组织与个体为"物种"选择，利用物种之间的彼此作用，更好地推动信息之间的交互，形成完善的系统[④]。

新技术的影响力不断提升，智慧旅游在信息化平台的推动下持续优化与转型。徐岸峰等强调要构建智慧旅游的信息化平台，在技术方面持续提升与优化，能够利用传感设备、商务信息体系、GPS等多种类型的技术，将互联网平台更好地整合起来，构筑一个建立在信息资源基础上智能化的、协同推进的服务化信息机制；促进多边信息的及时更新，增强信息资源的协同处

---

① 刘军林，范云峰.智慧旅游的构成、价值与发展趋势[J].重庆社会科学，2011（10）：121-124.
② 杜鹏，杨蕾.智慧旅游系统建设体系与发展策略研究[J].科技管理研究，2013，33（23）：44-49.
③ 谢镕键，何绍华.旅游网络信息生态系统中的协同信息服务[J].现代情报，2016，36（11）：71-75.
④ 张秀英.信息生态视角下智慧旅游构建与发展路径研究[J].经济问题，2018（5）：124-128.

理能力，更好地推进信息互联[①]。

三、智慧旅游资源开发和管理体系架构

智慧旅游资源开发与管理包括常规旅游资源的开发和旅游信息资源的管理与服务。常规旅游资源可通过区域旅游经济发展水平、旅游资源开发水平、旅游配套服务设施水平等方面衡量。旅游信息资源是智慧旅游系统良好运转的血液，旅游信息的存储管理、数据挖掘、辅助决策、知识管理、安全管理体系是智慧旅游的核心资源和技术，可以通过旅游电子政务应用水平、旅游信息发布情况、旅游信息安全保障水平、旅游应急与在线监督水平等层面得到体现[②]。

四、智慧旅游营销体系架构

之所以开展旅游目的地营销，一个重要的原因是让目的地拥有更高的知名度，确保客流量不断增多，更好地推进旅游变现目的的实现，进而为目的地带来更高的综合收益。营销策略是针对游客而言的，也是实现营销手段的必由之路：对营销环节进行了解，完善营销的路径，对于重点展开衔接，对于消费者的心理进行更为细致的分析，了解游客的自身消费目的。

旅游目的地营销需要从普通人转变为感知者，再转化为潜在顾客，最终成为真正的游客。[③]这一过程贯穿目的地营销的每一个环节。林若飞将智慧旅游背景下的营销架构归纳为基本策略、旅游目的地、技术手段、营销路径、游客交流[④]。

姜漓等人持续推进智慧旅游的互联网营销机制的完善化，同时，将其细化为企业以及政府不同的模块。在这之中，政府模块的主要责任是推进互联网营销机制的完善，主要职责是担负起公共发展、交通网络建设、卫生医疗等不同的模块；企业模块在完善旅游网络的同时，更好地满足游客的多元化诉求，确保企业拥有更好的经济收益。上述模块彼此结合，构筑完善的旅

[①] 徐岸峰，任香惠，王宏起.数字经济背景下智慧旅游信息服务模式创新机制研究[J].西南民族大学学报（人文社会科学版），2021.42(11)：31-43.
[②] 杜鹏，杨蕾.智慧旅游系统建设体系与发展策略研究[J].科技管理研究，2013，33(23)：6.
[③] 龙江智.旅游目的地营销：思路和策略[J].东北财经大学学报，2005(5)：55-57.
[④] 林若飞.旅游目的地智慧营销的理论与方法[J].旅游研究，2014，6(2)：56-61.

游信息平台，综合进行客源分析，对于营销数据展开系统的分析，更好地构筑客户关系，完善信息化商务职能[1]。谭莉等人强调在智慧旅游背景下，要推进智慧营销体系的完善：其一，发挥数据技术的优势所在，对于营销群体进行详细的描绘，形成完整的人物画像；其二，要对品牌进行清晰的定位；其三，要发挥智慧技术的优势，通过 VR、XR 等为游客带来更好的观赏体验[2]。李晓华强调要发挥智慧旅游系统的优势，建设多个网红打卡区域，满足用户的多元化诉求，发挥新媒体的优势，借助于技术创新，通过优质的内容与目标客户更多的接触，构筑完善的文旅企业发展链条，增强服务意识，取得更好的货客效益[3]。

五、智慧旅游公共服务体系架构

十八大之后，我国文旅部门十分重视推进旅游的高质量建设，致力于建设更为高效化、便民化、全覆盖的现代公共服务机制。到 2020 年年底，所有的国有景区都能够通过在线进行预订[4]。

不少学者关于旅游公共服务机制提出了各自的看法。张昊在其论著中特别指出，完善智慧旅游信息化平台建设，其中，用户模块具有多种多样的功能，包括在线旅游、信息注册、信息查询、线上留言、信息反馈等；平台管理模块，主要包括共享社区、舆情监测、智慧旅游、用户管理等，进而更好地对信息进行检索，推进智能旅游的高质量发展，更好地对个人信息进行管理，完善多种多样的功能模块[5]。

王谦强调在物联网的管理模式下，完善智慧旅游公共服务体系的完善，在"四端联动"管理模式之下，强化系统思维。构成智慧旅游公共服务平台的资源是多方面的，一是资源平台；二是云平台；三是应用平台。资源平台的主要作用是以动态、变化、共享的方式发展智慧旅游；云平台也就是我们

---

[1] 姜滴，连云凯，龙斌. 广西智慧旅游网络营销体系研究 [J]. 现代商业，2018(34)：28-29.
[2] 谭莉，费文美. 智慧旅游环境下智慧营销模式的构建与应用 [J]. 质量与市场，2021(13)：131-133.
[3] 李晓华. 智慧旅游视域下江西文旅企业线上营销能力提升策略分析 [J]. 产业创新研究，2021(19)：60-62.
[4] 刘圆圆. 文化和旅游部：国有景区年底全部实现在线预约预订 [N]. 人民政协报，2021-09-03(009).
[5] 张昊，任静. 智慧旅游信息服务平台设计研究 [J]. 信息技术与信息化，2021(12)：68-71.

通常所讲的云计算平台，云平台内部的信息主要指的是美食云计算、天气云计算、旅游云计算、安全云计算等。不管是哪一方面的旅游业务，都能够为智能化建设提供强大的支撑；应用平台更多指的是各种各样的管理平台以及客户平台。可以选择平板、智能手机等作为智能化终端。通过智能化方式对信息进行处理，进而转化为更加优质的服务，为智慧旅游的发展保驾护航[①]。

2020年以来，我国旅游的服务重点转移为：在保障人民健康与安全的前提下，满足旅游服务新诉求。旅游服务企业要提供更完善的旅游信息、定位服务、智能支付、消毒杀菌、交互娱乐、驾驶监测等智能化设备，提升旅游者的舒适度、愉悦度和便捷度，无接触服务成为新的需求和行为偏好，管理者为适应消费者需求，倾向于提供个性化、人性化的产品和服务。

六、城市智慧旅游应用架构

城市智慧旅游应用体系属多层结构，主要包括四个层次。

第一，基础设施，包括移动通信、网络中心、视频监控、景区票务、自动门禁、泊车收费、一卡通、大屏幕发布、环境监测等系统，主要为旅游信息化与智慧旅游提供信息实时获取、传输、管理与发布支持。

第二，城市级智慧旅游应用系统，按照服务、管理、营销划分，包括城市智慧旅游云服务中心及其支持下的公共服务平台、综合管理平台和公共营销平台。

第三，企业级智慧旅游应用系统，包括智慧景区、智慧饭店、智慧旅行社、智慧商场等，由其内部的智慧服务、管理与营销系统构成。

第四，面向大众游客的一系列智慧旅游应用系统，也称为大众级，主要以智能终端为载体，采用手机应用等方式，通过网上下载与主动推送，提供多样化的智慧旅游体验与服务。各层次之间信息相互传递，形成统一的集成化系统。在该体系中，云服务中心作为基础支撑，为各系统提供旅游者、旅游资源与旅游环境等数据的接收、组织、加工、存储、分发与共享服务。

新时代的智慧旅游城市建设趋于区块链、人工智能、大数据、云计算、

---

① 王谦. 智慧旅游公共服务平台搭建与管理研究——基于物联网模式下的分析[J]. 西南民族大学学报(人文社会科学版), 2015, 36(1): 145-149.

物联网等前沿技术在中枢系统中的融合应用,力求提升中枢系统与节点的互联性转变。兰州建立以"两大平台(旅游数据信息平台、智慧旅游监管平台)+一部手机游新区"为基础的智慧旅游框架,建立 GIS 定位、景点推介,强化对旅游景点及游客集散地、旅游线路路况信息的实时感知,实现全市游客客流量实时监测分析、景区(点)实时监管,同时为游客提供公共信息查询、景区情况显示、智慧导览等"一站式"服务,实现旅游"10 秒找空房、20 秒景点入园、30 秒酒店入住"的智能化体验[①]。

第三节 旅游智慧化模式的评价体系

我国的发展历史悠久,地形多种多样,这使得我国的人文环境十分复杂,自然资源十分多样。从 20 世纪 80 年代之后,我国的旅游业发展蒸蒸日上,旅游资源不断被整合在一起,旅游产业链条较之前明显提升。智慧旅游建设不管是在深度还是广度方面都持续发展,这使得智慧旅游建设难度较之前明显增加。

从实际应用来看,包括政治、经济、社会等方面的要素都会对智慧旅游产生直接的影响。智慧旅游建设会受到多方面要素的影响,其内容十分广泛,这也使得相关的工作在处理起来非常麻烦。多元化要素彼此制约,所以,要进行恰当的安排。首要任务是科学分析当下智慧旅游发展的现实状况,对其进行科学的预判,这也是智慧旅游建设的一个研究内容,以及智慧旅游发展需要面对的一个重要话题。

一、智慧旅游评价的概念

智慧旅游评价就是对智慧旅游的建设进行测量,检验一个旅游目的地是否符合智慧旅游的建设标准,以及在哪些方面需要采取措施进行改进。智慧旅游评价以检测和评级为手段,以实现智慧旅游科学规划和建设为目的,应用系统工程的原理和方法对智慧旅游项目建设的现状进行识别和分析,判

[①] 张建平. 新区以智慧城市建设铺开"数字化"转型之路[N]. 兰州日报,2021-08-25(008).

断智慧旅游的建设程度和发展阶段，并提出相应的对策建议，从而为被评价目的地的智慧旅游发展提供科学的依据[1]。

二、智慧旅游评价指标体系构建的紧迫性

综合分析当下智慧旅游发展的现实状况，目前智慧旅游的基本概念存在较为严重的概念泛化实际。我国的智慧旅游概念发展时间不长，因此，这对于我国的旅游业建设产生了直接的影响。不少地方十分强调建设智慧旅游体系。从目前来看，智慧旅游泛化现实不容忽视：部分区域仅仅是引入了几个高技术设备，这也是智慧景区建设的重点。所以，一些学者认为，当下我国智慧旅游建设还远远不足，没有更好地实现智慧旅游建设应有的发展目标。从智慧旅游发展建设的实际情况来看，要通过科学的监测方式，对智慧旅游发展予以辨别，对其具体内涵加以明晰。

三、智慧旅游评价指标体系构建的可行性

当下，我国的旅游目的地在完善旅游评价指标时，在下述方面具有绝对的优势。一方面，从研究领域来看，更多的学者已经认识到了智慧旅游理论的重要性，对其予以关注，目前的成果都为智慧旅游评价机制奠定了较好的基础。另一方面，具备先进的技术支持，研究方法也在不断创新。互联网技术发展不断深化，有助于获取更加完善的智慧旅游评价信息。评价的理论更为多元和完善，这些有助于构建新的智慧旅游评价模式。

四、智慧旅游评价指标体系构建的困难性

目前，智慧旅游评价机制还不够完善，一个根本的原因在于智慧旅游的发展时间不长。专家没有更多地对相关的理论进行研究。此外，智慧旅游的发展速度较快，多元化产品类型不断丰富发展，总是处于不断变动之中，无法用一劳永逸的方式制定规则。智慧旅游与多种要素相关，包括企业、交通、政府、环境等多个领域，这些都为明确智慧旅游的相关原则带来了诸多难题。

---

[1] 刘利宁. 智慧旅游因子分析评价与对策研究 [D]. 太原：太原理工大学硕士学位论文，2013：14.

智慧旅游的评价标准还不够一致化，评价智慧旅游的一个关键在于对智慧旅游不同部分的发展情况进行分析，同时，制定科学的决策，不断降低智慧旅游的发展成本，确保智慧旅游体系的工作效益持续提升，更好地满足旅游者的诉求[①]。

智慧旅游评价在选取指标的过程中需要遵循相关的原则，包括典型性、可比性、系统性、区域性原则等[②]。智慧旅游评价的顺利开展能够更好地帮助旅游管理部门在较短的时间内查漏补缺，更好地推进智慧旅游体系的完善化发展。

当下，对旅游管理进行评价时，可以通过下述评价方式来实现。

（一）层次分析法

层次分析法将各种各样相对复杂的要素进行分析，使得各个层次之间更为条理，也更有层次。同时，通过定量表示的方式基于特定的现实状况进行综合表示。明确各个要素的重要化程度，对于最终的排序结果进行分析[③]。这一方式更多被应用于难以通过准确的计量来明确决策结果的情况下。例如，如何选择旅游景点等。然而，层次分析法无法提供更为完善化的解决方案，更多偏向于定性的角度，信服度不高。在指标设计的数据较多，难以权重的情况下，特征定量会更为复杂一些。

（二）灰色关联度分析法

灰色关联度分析法是一种多因素统计分析方法，以各因素的样本数据为依据，用灰色关联度来描述因素间关系的强弱、大小和次序，是一种建立、估计和检验因果关系模型的方法[④]。此方法工作量较少，但需要对各项指标的最优值进行确定，主观性过强。目前，国内旅游管理领域中，灰色关联度分析常被用来探究旅游发展的影响因素，或被用来测评游客满意度。

---

① 刘利宁. 智慧旅游因子分析评价与对策研究[D]. 太原：太原理工大学硕士学位论文，2013：12.
② 王建军. 广州智慧旅游评价指标体系构建研究[J]. 中国集体经济，2020(32)：120-121.
③ 刘豹，许树柏，赵焕臣，等. 层次分析法——规划决策的工具[J]. 系统工程，1984(2)：23-30.
④ 谭学瑞，邓聚龙. 灰色关联分析：多因素统计分析新方法[J]. 统计研究，1995(3)：46-48.

(三) 模糊数学评价法

模糊数学评价法是专门针对模糊现象进行研究的一种方法。这里所强调的模糊性指的是在进行中介过渡的同时，通过发挥模式数学原理的作用，最终明确在模糊集合理论的基础上，利用隶属度函数理论，全面分析不同要素，对其进行针对性评价。然后，再明确给出最终的总体评价，这从本质上来说属于定量综合评价法[1]。由于这一方式在最终确定权重的同时，常常以专家打分的方式来实现，所以，其中不免会有人工因素的参与，存在一定的主观性。

(四) 主成分分析法

主成分分析法指的是选择几个相对具有典型性的指标，取代传统模式下利用原始指标进行统计的方式。它能够有效破解各个量级之下，由于指标相关性所带来的信息重复性问题，有效破解了综合评价过程中对个体指标权重进行分析所存在的诸多难题。同时，无须将目标值涉及评价过程当中。评价结果最终体现的是个体值，只能够将个体的情况反映出来，能够真正体现出样本在总体当中所处的水平[2]。

(五) 德尔菲法

专家意见法也就是我们通常所讲的德尔菲法，这种方法在操作时主要是征求专家的意见，通过函询的方式来进行调研。针对之前准备好的问题，组织者设计出相应的问卷，通过发送函件的方式向专家进行意见的获取[3]。针对已经设计好的问题，组织者可以单独询问的方式进行意见的征集，各个专家将自己的意见表达出来，不需要进行讨论。针对所收集回来的建议，组织者对其进行归类整理，以匿名的方式再次对意见进行反馈。专家收到意见之后，对其进行梳理，对这一过程进行反复，专家们的意见更加一致化，最终形成一个让专家组更为满意的判定结果。

---

[1] 高妍. 生态工业园区评价指标体系与评价方法研究 [D]. 哈尔滨：哈尔滨工程大学硕士学位论文, 2007: 21.
[2] 高艳, 于飞. 一种用于综合评价的主成分分析改进方法 [J]. 西安文理学院学报：自然科学版, 2011, 14(1): 4.
[3] 刘利宁. 智慧旅游评价指标体系研究 [J]. 科技管理研究, 2013, 33(6): 5.

德尔菲法可以被看作主观定性的方法，除了应用于预测领域之外，还能够更好地应用于完善评价指标体系的过程之中。当下，无论是社会管理、企业经营、社会保障、教育建设、卫生环卫等各个领域的评价指标体系都对这一方法进行了大范围应用。

由于应用范围较广，德尔菲法在诸多领域当中具有天然的优势，其价值是巨大的。然而，德尔菲法在应用过程中需要较长的时间。同时，学者们的主观看法更多地渗透其中，一些意见没有经过系统的论证，导致最终的评价结果缺乏较高的准确性。

(六) 因子分析法

因子分析法着眼于研究各项数据的内在关系，从不同指标着手，将各种信息叠加，更具复杂性的变量归纳为数量较少的、关联性不强的几个因子，从本质上来看，它可以被看作多元分析方法。其主要思路是：依照关联性的强弱，进行小组的划分，确保组内的各个变量之间关系更为紧密。然而，不同组变量没有较强的相关性。一个变量表示的是一个结构，也就是我们常常讲的公共因子。在主成分分析法的基础上，因子分析法得到深化拓展。

对智慧旅游的发展模式、基本特征以及未来前景进行分析，可以对上述不同的方法进行综合使用。这样就能构筑出完整的智慧旅游评价机制。对德尔菲法进行运用，刘利宁进一步将智慧旅游评价体系进行了细化，主要包括三个模块：一是硬件支持；二是价值评价；三是综合应用。

智慧旅游建设兼具长期性与复杂性，从当下来看，智慧旅游评价体系研究还不够完善，尚处于起步时期。持续推进智慧旅游评价指标体系的完善还有较长的路要走，要对其进行不断修订完善。随着实践的深化，要在发展中调整各项指标。

第四节 旅游智慧化建设的重点

以技术为支撑、以营销为目的、以体验为手段是智慧旅游产品和服务开发的核心思想。基于这个视角，智慧旅游是以旅游中的自然资源、人文资源以及人员活动作为一个动态的有机整体。

从感知游客潜在需求,到旅游企业适时调整商业模式及方式并依托技术满足游客需求,再到政府等部分对市场进行高效监管和规范,最终满足游客日益多元的个性化旅游需求,在这个看似简单实则复杂的开放系统中,我国还有很长的路要走。基于当前现状,我国智慧旅游建设的重点主要放在面向体验的服务创新与改进、面向管理的多方协同与规范、面向资源的充分衔接与整合,以及面向技术的全面覆盖与应用四个方面。

一、面向体验的服务创新与改进

智慧旅游不仅是以往旅游的升级,更意味着一种服务升级。吉尔摩根据旅游者参与的主动性与投入程度,将旅游体验划分为娱乐型体验、教育型体验、逃避型体验和审美型体验四种类型,认为每个旅游者的旅游经历都是以上四类体验不同程度的结合。四类体验的中心集合点就是美好的甜蜜地带,在这个地带,活动对象达到一种"畅爽"境界。

智慧旅游以个性化的体验服务吸引旅游者,用高层次的服务为旅游者带来符合其愉悦感的审美体验感受,这是智慧旅游体验的目标,也是智慧旅游的核心[1]。在旅游需求升级的当下,游客需求的多样化、柔性化、个性化特征日趋明显,游客对旅游产品的知识性、差异性、延伸性、参与性与补偿性要求程度不断提高[2]。这也由此引发了学者对旅游产品创新的思考。国外学者组合市场与资源,提出了追随型、灵感型、新版型和奇观型四种旅游产品创新类型。虚拟旅游、夜间旅游、露营旅游、房车旅游等业态的火爆为旅游产品大家族增添色彩,也不断刷新着游客的旅游体验。

创新旅游产品与服务十分考验旅游提供者的智慧和创造力。对于旅游者服务这一消费终端,供应者需要有敏锐的感知力和洞察力去察觉游客需求的刺激点,做出选择的触发点和提升体验的关键点,并基于充足可靠的数据支撑和技术支持,友好舒适的旅游环境和完善规范的市场环境,提供便利化、个性化、精确化的高质量旅游服务。其中,旅游者随身携带的移动终端

---

[1] 岳婧雅.基于信息技术的智慧旅游体验平台搭建与管理创新模式研究[J].管理现代化,2017,37(2):41-43,77.
[2] 袁尧清,任佩瑜.产业融合域的旅游产业结构升级机制与路径[J].山东社会科学,2016(1):119-123.

和分布在行程特定位置的展示与服务终端将是重要的沟通平台。

二、面向管理的多方协同与规范

旅游行业规范高效的管理运作是提供优质旅游产品的有力保障。智慧旅游的发展颠覆了以往旅游业的管理形态，推动着旅游行业管理方不断进行调整。涉旅企业、旅游相关政府部门、相关组织机构等组成的智慧旅游管理体系成为智慧旅游发展的关键。

当前，不同业态、不同发展阶段的旅游经济实体大多已经各自建立了多种信息化管理体系，但各自为政的信息化建设导致不同信息平台承载的服务环节信息处于相对独立状态，产生了信息孤岛。同时，一些城市的旅游资源管理主体不够清晰，形成了多头并管的局面，造成管理混乱、相互制约、缺乏协调统一的局面。这种多头管理、区域分割和分散管理的现状，造成旅游信息分布不均衡，信息渠道不通畅，难以形成覆盖旅游行业全局的管理信息体系[1]。

由此，建立统一标准的智慧旅游管理体系，成为各方探讨的重要问题。完善的体制规划是产业发展的前提与保障，旅游行业信息化管理体制的完整规范和有关各方管理体系的高效协同成为智慧旅游发展的必要条件。

多方协同、全面覆盖的旅游管理体系建设是旅游业发展的大势所趋，也是智慧旅游建设的重要组成部分。有关各方应及时意识到这一重要性，积极搭建平台、开展协作，通过价值共创共享机制，将不同产业有机融合，进一步扩大旅游产业边界，扩展旅游产业运行空间，以友好平等、互利共赢的原则达成协调各方、开放高效的管理体系和规范，并在实践中加强合作，充分利用信息化和智慧管理的便利成果。

三、面向资源的充分衔接与整合

城市是旅游活动的集散地，是游客到达旅游目的地的第一落脚点与最后接触点，城市的设施与服务的优劣在游客对此行程满意度的评价中占据着重要作用，也从一定程度上影响着游客对该旅游目的地的印象。城市基础设施建设、环境卫生、治安管理、金融服务、通信服务、医疗保健、公共服务

---

[1] 海南. 智慧旅游成全国多地旅游规划重点内容 [J]. 中国投资（中英文），2012(24): 3.

等很多因素都会不同程度地影响城市的智慧旅游系统。

智慧旅游的建设需要与外部智慧城市建设和内部各子系统的建设进行充分衔接与整合。智慧旅游的建设是一项庞大的工程，需要城市内部上从政策法规，下到设施设备的全方位保障，这个链条上的每一个节点都扮演着重要的角色，都是必不可少的一环。城市景区（点）、酒店、交通等智慧设施作为游客直接接触的"前台"，以数据资源为核心的物联网与互联网系统提供"后台"支撑，二者的完全连接和融合，才能将智慧体系的用处发挥得当，配合紧密。智慧旅游用网络、通信等技术把涉及旅游资源各要素联系起来整合为旅游资源核心数据库，为游客提供更高阶的信息服务，智慧的旅游服务基础设施，为游客提供旅游互动体验，二者共同为提升游客满意度而服务。

依托目的地旅游资源、市场资源、技术资源、人才资源等资源，旅游产业链相关方密切配合，并将资源充分信息化，通过统一平台、互通端口、人员交流、共办活动、共建组织等方式实现各自资源的衔接和信息的交流，优势互补、共同发展，实现资源的最优化配置和信息化的最大化利用。

四、面向技术的全面覆盖与应用

旅游产业是高度依赖"信息"的产业，正是"信息"造成了旅游产业的价值流动。

如果说智慧旅游是一幢大厦，那智慧旅游技术应用就是贯穿其中的钢筋，它连接着智慧旅游的每一个节点，支撑着整个智慧旅游框架，没有技术，智慧旅游则无从谈起。智慧旅游对以往旅游业的"底层格式化"最大限度地满足了游客个性化需求并提供定制化服务，实现旅游资源和社会资源的系统化、集约化管理，从根本上改变旅游行业形态和旅游经济格局。技术的全面覆盖与应用成为实现这一切的必要前提。

技术的覆盖与应用是智慧旅游的手段和途径。步入"十四五"时期，国家对旅游领域新技术的应用给予高度重视，提出加快推动大数据、云计算、物联网、区块链及5G、北斗系统、虚拟现实、增强现实等新技术在旅游领域的应用普及，以科技创新提升旅游业发展水平，加速智能旅游公共服务、旅游市场治理"智慧大脑"、交互式沉浸式旅游演艺等技术的研发与应用示范。

第七章 新数字技术（5G 技术）驱动下智慧景区建设的创新模式

第一节 5G 无线网络基本原理与关键技术

从 1G 到 4G 网络的发展路线来看，移动通信的每一次发展，都在解决当时存在的最主要也是最迫切的通信需求。未来数以亿计的智能终端将接入网络，使业务和应用更加多样化。5G 将构建以用户为中心，全方位的信息生态系统，通过无缝融合的方式，最终实现"信息随心至，万物触手及"的总体愿景。

一、5G 无线网络基本原理

(一) 5G 网络部署方法

5G 的网络部署有两种策略，SA（Stand alone，独立组网）和 NSA（Non-Standalone，非独立组网）。SA 方式即独立的网络，包括核心网、回程链路和基站；而 NSA 则是利用现有的 4G 基础设施，来构建 5G 网络，以满足部分的 5G 应用需求。

在 3GPP（3rd Generation Partnership Project，第三代合作伙伴计划）会议上，提出了多种 5G 系统整体架构，包含 8 类 option，这些架构是综合考虑核心网和无线网后得出的，场景涵盖未来全球运营商在 5G 网络建设中不同阶段的建网要求。SA 架构有 option1、option2、option5 及 option6，NSA 架构有 option3、option4、option7 及 option8。其中，option1 属于传统 4G 网络架构；option6 是独立 5GNR 连接到 EPC（Evolved Packet Core，4G 核心网），option8 是非独立 5GNR 连接到 EPC，均不具有实际部署价值。option2、option3、option4、option5、option7 是 3GPP 标准以及业界重点关注的 5G

第七章　新数字技术（5G 技术）驱动下智慧景区建设的创新模式

候选组网部署方式。下面介绍几种常用 option：option3 的无线接入网采用双链接技术，以 4GLTE（Long Term Evolution，长期演进）基站作为主节点，5GNR 基站作为辅节点，核心网仍沿用 4G 核心网，这种部署方式的优点是节约成本。

option5 是一种独立部署模式，采用升级的 LTE 节点，与 5G 核心网相连。在无线侧，option5 部署模式可以通过现网 4GLTE 升级实现，而无须新建 5G 基站。这种部署方式仅能满足部分 5G 应用，网络能力受到 LTE 的严重制约，相比于 5GNR，在时延、容量等方面均有较大的差距，因此在实际建网中不推荐部署 option5 架构。option7 的无线接入网同样采用双链接技术，与 option3 不同的是 option7 核心网采用 5GC（5GCore，5G 核心网），option 部署模式可以借由 4G 网络实现基础的连续覆盖，同时因为引进了 5G 核心网，可以在一定程度上实现低延迟、高可靠等业务。

目前，5G 网络有两种较为流行的部署策略，第一种是 option2 独立部署方案，option2 是独立的 5G 网络结构，由 NR 和 5GC 共同构建的完整 5G 网络。可以说，这是 5G 网络的最终发展形态，但实现上相对困难，因此便有演进式 5G 网络发展方案。目前，比较流行的 5G 网络演进方案为 option3 → option7 → option2。该方案首先在无线侧部署 5G 基站，以实现部分 eMBB（Enhanced Mobile Broadband，增强移动带宽）功能，再根据业务需要完成 5G 核心网建设，最终完成 5G 网络部署。

无线组网可基于不同部署条件要求进行灵活组网，SA 架构的 option2 是 5G 建网的最终目标，其能够体现出 5G 的所有优势。需要注意的是，在演进过程中需要避免演进过程过长，防止投资成本过高。

(二) 5G 无线接入网架构

5G 无线技术网络架构设计必须考虑如何满足 5G 技术指标，同时根据实际场景来指定不同的部署模式。在 5G 接入网逻辑架构中，BBU（Building Base band Unite，基带处理单元）被分成 CU（Centralized Unit，集中式单元）与 DU（Distributed Unit，分布式单元）两个功能实体，使得组网更加灵活，更易实现性能与成本的平衡。而 RRU（Radio Remote Unit，无线拉远单元）可以与天线合设为 AAU（Active Antenna Unit，有源天线单元）。

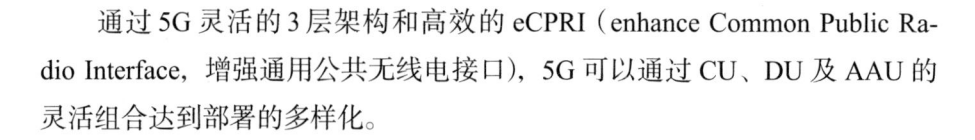

通过5G灵活的3层架构和高效的eCPRI（enhance Common Public Radio Interface，增强通用公共无线电接口），5G可以通过CU、DU及AAU的灵活组合达到部署的多样化。

二、5G无线网络关键技术

(一)5G超密集组网技术

在未来的5G通信中，随着各种智能终端的普及，数据流量将出现井喷式的增长。未来数据业务将主要分布在室内和热点地区，这使得超密集网络成为实现5G的1000倍流量需求的主要手段之一。超密集网络具有更灵活的网络部署和更高效的频率复用能力，能够改善网络覆盖，大幅度提升系统容量。未来面向高频段大带宽，将采用更加密集的网络方案，部署小小区/扇区将高达一百个以上。小小区具有低功率、覆盖范围小、组网灵活的特点，特别适合用于城市地区的补盲及热点区域的分流，因此可用来扩展覆盖范围并提升网络容量。在繁忙地区，小小区可分流80%的流量。超密集网络即指网络系统中覆盖着高密度的小小区，超密集小小区网络系统已经成了5G时代的一个关键技术。

微基站是5G超密集组网的重要组成部分，其具有小型化、低发射功率、可控性好、智能化和组网灵活的特征。到了5G时代，5G微基站开始崭露头角，在观光风景区、博物馆、会场、大型酒店、机场、高铁等人流比较聚集的地方，微基站能够解决除通话以外的其他需求。目前用户通话需求量远没有上网那么大，用户上网时长要比通话长得多，因此在吞吐量方面，上传下载速率非常重要，这就有赖于微基站去解决，而且5G基站频率比较高，衰减比较大，如果单纯用宏基站覆盖，在成本上也是难以承受的。

(二) Massive MIMO 技术

Massive MIMO（Massive multiple in multiple out，大规模阵列天线）技术是5G实现其设计目标的一项关键技术。众所周知，要在物理层提高网络容量，达到5G的目标速率，只能通过扩大带宽、增加小区数量和提升频谱效率的办法实现，而Massive MIMO技术便是5G提高频谱利用效率的必选项。

相比于以往系统的 2、4、8 天线，Massive MIMO 的天线阵子数可以达到 64、128 甚至 256 个，在相同的时频资源下同时为数十个用户提供服务，可以提高数倍甚至数十倍的网络性能。Massive MIMO 在信号水平维度空间基础上引入垂直维度的空域进行利用，实现了垂直方向波束赋形。这种将无线信号按特定方向传播的技术叫作波束赋形。波束赋形技术通过输入权重向量对天线阵列中的振子进行调整，利用空间信道的强相关性和波的干涉原理使特定角度的信号增强，而其他角度的信号削弱。可以说，波束赋形是实现大规模阵列天线技术的关键。自适应波束赋形可以根据用户位置和信道状态计算出最优的权重向量，从而获得与用户匹配的波束方向，同时还可以使可能产生干扰的方向形成零陷，从而降低小区干扰，极大程度地提升小区吞吐量。

(三) 双工技术

5GNR 将实现全双工技术。全双工技术是指设备的发射机和接收机占用相同的频率资源同时进行工作，使得通信两端在上、下行可以在相同时间使用相同的频率，突破了现有的频分双工和时分双工模式，这是实现 5G 所需的高吞吐量和低延迟的关键技术。同时，因为未来移动流量多变特性，现有通信系统固定的时频资源分配方式无法满足不断变化的业务需求，所以 5GNR 也支持灵活双工，可以灵活地改变上下行的时隙配比，实现频谱资源的灵活利用。

第二节 5G 技术在旅游景区的应用及成效

5G 技术不断被推广，其发展也更为成熟。目前，旅游产业与 5G 技术更为紧密地结合起来，起到了赋能的作用，创新出崭新的发展业态。当下，旅游产业的发展越来越受到线上技术的影响，这也使得学界关于旅游行业发展的探讨变得越来越多，对其发展方向进行了详细的分析。新基建发展的浪潮滚滚袭来，不同的技术都应用于从供给到营销多个模块当中。在此背景下，本节主要详细分析了 5G+ 技术应用的不同场景，对其成效进行分析，提出创新化的优化路径，对旅游业的 5G 建设提出了新的发展建议。

一、5G 技术在旅游景区的应用

(一) 5G+

5G 是为了不断推进数据的高速运转，节约成本，减少能源的耗费，更好地促进系统容量与设备之间的连接。5G+ 与网络的发展有着较大的相似性，发挥出 5G 的性能优势，与旅游景区的发展更好地结合起来，进而能够更好地推进各个行业对于该技术的应用。

(二) 5G 支持下的 VR 与旅游

VR（Virtual Reality，VR）也就是我们通常所讲的虚拟现实。这一方式利用仿真技术创建出更具虚拟性的体验空间。它以计算机为依托，对于人类的不同感官进行模拟，为我们构筑出一个虚拟的三维世界，用户仿佛置身其中。虚拟现实技术有助于丰富游客的多元化体验，彰显出安全性、交互性、稳定性、及时性等多个方面的特征。不管是哪一个国家都在推进 VR 产业建设方面做出不懈的努力。5G 技术的发展也日益成熟，5G+VR 有了更为广阔的发展空间。近几年，VR 技术与各个旅游景区的发展日益紧密地融合在一起。不管是哪一个景区都发展多种类型的 VR 体验项目，丰富游客的旅游体验，确保景区的热度不断提升。

(三) 5G 支持下的 AR 技术与旅游

AR（Augmented Reality）可以被看作一种人机交互的新型技术，它能够对不同的场景进行模拟，使用者能够真实感受到这一虚拟技术当中客观世界的真实存在。同时，它也突破了时空的局限性，不受各种客观条件的制约，从中获得其他方式无法取得的体验，它可以被看作建立在虚拟现实基础上的交互技术。从旅游行业的角度来讲，AR 技术能够让景区有着更好的体验价值，增强了互动性。此外，AR+ 旅游对创作者灵感带来了较多挑战，怎样充分利用当下的技术，推出更多高品质的 AR 作品？让景区特色和 AR 技术更加紧密地结合起来，不是一味地生搬硬套，也不是一味地照搬照抄。

(四)"5G+ 无人机"与旅游

无人机是无人驾驶飞行器的简称，它能利用 AI 系统实现对无人机的驾驭。当下，国产无人机的发展速度明显提升，各种各样的硬件设施不断完善，其应用的前景也是十分广阔的，比如发展无人机竞速等。在 5G 技术赋能无人机之后，数据传输的效率明显提升，及时性也明显提高，旅游景区的运营在"5G+ 无人机"技术的影响下得到了革命性的发展。

二、5G 技术在旅游景区的成效

当下，学者对于旅游业与 5G 技术的研究尚未成系统，主要以研究未来旅游行业对于 5G 技术的影响为主，并预测了未来发展的前景。比如肖良生预测未来发展主要是智能出售、遥感检票、语音播报、情况预览、安检、全景直播、无人机应用、旅游社交等多个场景。然后，聚焦未来如何推进当地特色和 5G 技术的密切结合，推动其落地实施。然而，就怎样优化景区的营销思路，改变之前的经营模式方面的探索还是少之又少。不过，技术革命往往会带来巨大的变革，其发展是革命性的。本节细致深入地分析了未来景区经营方式的革新路径，研究 5G 技术对其产生的深入影响。

(一) 拓展游客分享体验

互联网技术日新月异，新媒体形式也变得更为丰富，应充分发挥社交媒体的作用，将自身的旅游体验进行合理加工，使其成为旅游体验中不可或缺的一个重要模块。然而，从问卷所检索到的数据能够看出，当下的微博、短视频等社交媒体在对旅游体验进行分享时内容不够多元，互动性也不强，表现力不够丰富。因此，5G+ 旅游未来发展的前景是十分广阔的。随着 5G 赋能的持续增强，建立在 VR 技术基础上的移动式体验正在取代短视频分享，这一趋势十分明显且不可逆转。

能够预见的是，游客完成游览之后，利用景区所提供的各种新型技术，可以最终形成游记，同时，可以将照片上传网络平台，与景区内部的影像相互结合，形成相应的高清视频，也可以以 VR 影像的方式来呈现，游客可以自主进行下载。他们的记忆不断丰富，景区的收入也不断增加，这些影像的分享还能够让景区的影响力持续扩大，实现更好的宣传目的。

5G+旅游社交影响力持续扩大之后，景区和游客的交互性明显增强，景区对于游客而言有了特殊的意义。同时，除了进行社交分享之外，还能够在景区和游客之间建立起亲密的情感交流，重游的可能性才会不断增加。游客不仅能够对他们的经验进行分享，影像自身的宣传性也明显增强，景区知名度明显提升。此外，由于影像代表的是顾客的真实体验，依照凝视理论的相关知识，人们在真实游览景区之后，往往和宣传效果之间存在一定的心理差距，这使得景区的口碑变得更高，景区的发展也能够迎来更加光明的未来。

（二）拓展优化游客旅游体验

目前，旅游景区除了要获得人数的增长之外，还需要增加收入，这些对于景区的发展有着积极的作用，同时，有利于对景区的形象进行塑造。首先要确保景区的卫生安全，其次让游客获得最佳的旅游体验，对景区发展充满信心。这些都能够增加景区的收入，确保景区的管理更为有序，管理的完善化程度更高。

近几年，线上旅游发展热度不断增加，其中最具代表性的是线上博物馆参观取得了较好的效果。线上旅游的形式变得越来越丰富，如北京故宫推出了V故宫，通过VR技术带领游客体验养心殿等我们耳熟能详的景点，还持续推进数字文物平台建设，让游客能够通过线上了解故宫内丰富多样的文物形式。形式十分多样，时间也相对自由。多维度的高清影像能够带给顾客更加立体化的体验，与线下参观形成了鲜明的对比。

线上博物馆发展热度持续走高，这也使得国内游客对于VR技术的关注越来越多。事实上，景区运用VR技术一直以来都是热度较高的一个话题。然而，之前的4G技术在发展VR体验时存在诸多限制，这些限制在较短的时间内很难被有效破解。从问卷调查的结果来看，基本问题包括：图片的清晰度不够、互动的实时性不强、体验的价格明显偏高等。这些问题都使得5G的发展拥有更加广阔的空间，发展的迫切性也变得更强。

5G技术的普及化程度越来越高，通过更为稳定的传输，将5G+VR/AR引入景区之中，争取获得更大的客流量。完成这一步骤之后，5G+VR/AR也能更好地实现全景直播，带着游客从全方位的角度领略景区的风貌，也能够带给游客与之前完全不一样的体验。一些体验项目需要通过全景的方式来进行直播，将游客游览的画面呈现出来，游客可以自主进行游览，他们不仅获得了更加新型的体验，也能够缓解景区压力过大的问题。

VR 技术除了能够增加经济效益之外，还能够更好地对环境进行保护。比如，泰国旅游业的发展十分迅速。但是，在这一热度的影响下，过度旅游使得各种各样的海洋资源被破坏，这一问题越来越严重。这也造成了泰国政府不得不定期关闭一些热点景区，不仅对当地的旅游业发展产生了负面的影响，给游客也带来了诸多的不便。假如利用 VR 技术对景点进行宣传，特别设置一个专门化的 VR 体验旅游，既保护了环境资源，也带领游客体验了不同的风貌，可谓两全其美。

（三）优化景区运作，降低景区经营成本

5G 时代包括无感检票、"无人机救援 +5G"、机器人导游、语音播报、智能出售等技术的应用使得景区的管理水平持续上升，景区的运营成本不断降低，盈利的水平越来越高。

1. 5G 无感检票

景区购票、检票等都是十分重要的环节，从当下进入景区的基本流程来看，其过程依然十分复杂。通过闸机与人工的方式进行检票，运行效率不高，常常因为排队而引发其他各种各样的问题。排队过程中需要保安协助维护现场秩序，这使得景区的营业成本不断增加。5G 时代，线上订票的人数不断增加，利用 5G 技术的高速发展，使不同的信息之间能够交互，游客通过互联网进行订票，然后通过各种终端与个人信息互通起来。游客在到达景区门口之后，通过摄像头进行扫描，人脸识别，与个人的信息进行比对，进入景区更为快速，也更为便捷。技术发展日益成熟，游客不需要直接购票，可以只在景区进行扫脸，在完成信息比对后进入景区，避免了排队带来的各种问题。此外，也减少了保安的工资投入，景区的运营成本不断降低。

2. 5G+ 无人机直播 / 巡视救援

近几年，无人机越来越成为一个热门话题。各个公司都利用无人机技术开发出各种不同的场景，不管是无人机驾驶，还是无人机竞速，都得到了广泛的应用。旅游景区与无人机的结合，主要分为两种：一是5G无人机直播；二是5G无人机救援。

无人机直播其实并非一个新的产物。在4G时代，多方面的因素都会对无人机直播产生直接影响，原因就在于4G传播的效率偏低，常常会存在无人机延迟的问题。在延迟时间超过20秒后，人体就会因此而产生头晕目眩的感觉。5G时代，背景更为稳定，延迟的问题得到进一步改善，画质不断增强，画面更为清晰。

除了在直播领域发挥着重要作用之外，5G无人机具有多方面的优势，比如，发展的速度极快，十分轻巧与灵活等。这些都能够更好地对当地复杂的地形进行保护，有着极强的发展前景。比如，能够在广大的保护区开展常规检查，及时排查安全隐患，在一些复杂的地区对游客进行第一时间救援。此外，5G无人机在全方位进行巡查救援的过程中，能够缩减景区的成本，全方位地进行巡视，提高救援效率。

当下，旅游景区与5G技术结合更为紧密，迈入了新的发展时期，5G技术所带来的变化是革命性的。从之前的技术革命来看，会对社会产生直接的影响。农业革命使得有机物与人类更加紧密地结合起来；第一次工业革命使得无机物与人类的界限被打破，信息革命也使得时空的界限被突破。技术赋能更好地解决了景区当下所面临的诸多问题，也使得景区的经营模式发生了革命性变化。在5G+VR+AR技术发展到一定的阶段之后，旅游资源自身的投入比就会产生相应的变化。此外，无人机救援、遥感验票等也使得人力资源在旅游景区中所占的比重发生明显变化。从游客的角度来看，在5G技术不断发展成熟后，能够对社交技术进行更加广泛地推进，由此构筑一种更为和谐稳定的游客与景区之间的关系，增加他们的彼此交互，让他们拥有更加美好的回忆。同时，上述交互的内容也使得游客在对自身的经验进行分享时，对于景区的印象更加深刻，便于更好地进行二次传播，这些印象的叠加也会使得景区自身的生命力变得更加顽强，对游客产生更大的吸引力。从上述分析能够明显发现，旅游景区在赋能5G之后，景区不再像之前那样遵循严格的经营需求，尤为关键的是，在景区与游客之间架构起了一座交互的桥梁，二者之间的关系更为独特，变得与人和人之间的关系更为相似。因此，在5G时代背景下，旅游景区需要不断拓展自身的经营模式，优化经营的思维，通过多种多样细致周到的服务，对景区和游客之间的关系进行重构，使其更为和谐，向着更加健康的方向发展，这样才能真正破解当下所存在的景区经营能力不足，经营空间不大等多种多样的问题，进一步提升游客的重游率，为景区的发展注入新的更大的发展动力。

第三节 5G 背景下智慧旅游景区的优化路径

智慧旅游是随着时代的发展产生的一种崭新的旅游业态，在不断发展的过程中，国内智慧旅游不论在理论还是实践方面都取得了丰硕的成果。然而，当下依然存在认识不完整、规划不明晰、系统发展不足、智慧化发展缺失等诸多方面的问题。怎样发挥大数据、人工智能、物联网等的优势，推进智慧旅游在 5G 背景下的持续发展，对于提升我国旅游业的智能化建设水平具有重要意义。

对智慧旅游的目的进行分析，了解其基本内容，目的在于更好地把握智慧旅游和 5G 技术的结合点。在这一背景下，智慧旅游的场景优化可以从两个方面来进行：一是促进应用优化；二是实现基础优化。从应用的维度而言，更多表现在完善内容建设，包括服务、管理以及体验等不同的层面；从基础的角度而言，主要包括软硬件管理、视频管理、数据监测、互联网设备、信息调度等不同的方面。

基础设施是为了更好地实现服务品质的提升，因此，促进基础设施完善的一个重要基础是持续完善 5G 基地，为运营商提供更大的工作便捷性，实现 5G 信号的全面覆盖。本节在了解 5G 技术的基础上，针对具体的技术应用场景进行了拓展研究，以便更好地实现融合发展的目标。

一、虚拟体验优化

(一) 建立基于 VR/AR/MR 技术的虚拟景区

VR/AR/MR "虚拟景区" 沟通了全景与实景，通过三维建模的方式，利用传感设备将仿真技术进行推广，打造虚拟仿真景区。利用互联网技术，将景区的真实场景再现出来，确保所生产的产品具有明显的"沉浸式互动体验"特征，让大众能够体验到虚拟旅游的快乐。

当下，不少游客通过多种类型的移动终端来满足自我对于旅游爱好的诉求。随着技术的发展，视频像素不断提升，图像的清晰度也越来越高。利用网络终端享受虚拟景区的多元化服务需要有网速的支持，这也是 5G 技术最大的优势所在，智慧旅游与 5G 技术的结合越来越紧密，这是其价值的高度体现。

建设虚拟景区的过程中，要结合景区的特征，从 VR/AR/MR 技术中选择最为合适的一种。对自然类景观、民俗文化以及历史遗址进行展示时可以发挥 VR/AR 技术的优势，真实再现虚拟景区；一些项目具有明显的交互性，例如儿童乐园、主题乐园等，可以选择 MR 技术，让游客通过传感器获得最为真实的体验。从某种意义上来讲，虚拟景区可以被认为是对旅游活动的预演，帮助游客更好地完善旅游规划。虚拟景区技术推进了旅游事业迈入新阶段，也带动了当地的经济建设，使游客无须出门，就能够饱览名山大川之美。

（二）升级景区中游乐设备体验

在诸多的主题公园项目中，以设备为体验具有多方面的优势，它更好地实现了对于体验的融合。在传统模式下，众多的主题公园中很少涉及游览体验，也很少涉及设备体验，更多应用于景区管理与景区控制当中。5G 技术的运作效率极高，它更好地实现了"5G+AR"的叠加式体验、"5G+VR"景区导览体验、导览车体验等。

（三）提升旅游信息体验，提高游客获得旅游信息的快捷性

网络的速度越来越快，游客能够通过互联网获得最佳的游览体验。同时，还能够对各种各样的游览资讯进行传递，让游客能够获得最为完善的旅游信息。通过 5G 技术，能够提升信息传输的效率，也能够拓展开发出清晰度更高、全媒体的"社交分享 +5G"等各种软件。按照不同游客所获得的游览体验，能够形成更为清晰、全景式的游览体验；按照所拍摄的视频，能够形成更为高清的 8K 视频，然后通过 5G 网络将其分享出去，更好地进行传播。

第七章　新数字技术（5G技术）驱动下智慧景区建设的创新模式

二、监控管理优化

在5G技术的基础上，对于景区进行全方位的监控管理，表现为对于"人—物—环境"的综合管理。

（一）提高旅游人员和物资的安全性

5G技术的成熟发展，使得大数据检索的效率不断提升，计算能力也明显增强。利用物联网、云计算、大数据以及5G技术，能够持续提升完善旅游发展的"数据中心"。通过景区遍布的多种物联网机制，优化监控系统，可以更加清楚地了解道路交通的实施状况、景区的人流量，有助于将各种旅游数据综合起来展开系统分析，对于旅游道路情况进行实时预警，详细开展数据分析，提升旅游事务决策的科学性。这样就能在景区构筑一张完整的大网，让游客能够感受到景区精细管理的优势所在。

也可以在景区的多个车辆上配备GPS定位、雷达监测、摄像技术、5G终端以及各种传感器等。各个车辆以及距离较远的服务器能够利用5G网络进行信息的交互，真实地展现出各种车辆的具体位置、行进的速度、具体的路线等。一旦在旅游中发现问题，能够通过视频进行监测，在第一时间对各种事件进行处理。

可以在5G技术的基础上，利用其延迟性特点，进行远程救援，更好地进行互联网无人机操作。通过GPS对于游客的位置进行准确捕捉，在他们遇到各种危险的场景时，能够利用监控系统把游客的具体位置在第一时间反馈给搜救队，他们便能够在第一时间抵达目的地，提升救助的效率。通过无人机设备，利用远程操控能够降低人员遭受风险的可能性，确保安全性的不断提升。

目前，5G网络的稳定性不断提升，可以以视频会议的形式取代日常月例会的形式。利用远程会议，视频和语音同步，参会者能够实时与开会人员进行互动，让人们体验到最佳的会议效果。远程会议更好地破解了景区从业者分散办公的问题，会议的效率大大提升，这对于景区管理而言是一大创新。

（二）全方位监测景区的旅游环境

在对景区进行测评时，一个重要的指标是资源的质量与环境的水平，它也体现了景区的综合竞争力。5G背景下，信息的传播速度明显变快，信息在最短的时间内被反馈到信息监测部门，相应的预警系统也建立起来。在人流量、生态环境以及各种资源接近预警指标时，就会在第一时间启动预警系统，景区能够在第一时间对灾害事件进行处理，让损失最小化。

三、位置服务优化

5G技术最为突出的特征是在一定的区域内，终端之间的联系变得更强，这也对4G通信背景下，信号连接效果不佳，终端密度过高的问题进行了有效的破解。

景区的运营向着规范化的方向发展，景区能够容纳的客流量也在不断增加。与此同时，各种安全隐患也就不可避免地存在，人们对此十分担忧。特别是在节假日期间，游客的出现率明显增加。越来越多的人选择外出旅游，这也使掌握游客人数的难度不断加大，需要对景区的实时人数动态变化进行一定的了解，才能保证游客享受更为便捷的服务。所有这些都需要以位置的精准把握为基础。提升宽带的运营效率，要真正发挥出人的作用，在一些游客集中的区域强化通信能力建设，为用户带来最佳的体验。利用各种各样的车载或者手持终端，对游客的活动进行真实的记录，了解他们的出行方式，就能在最短的时间内对景区内游客的分布情况进行准确的了解，详细分析人口的密度，了解游客更加青睐的景点，对其路线的选择进行规划，减少拥堵的发生；此外，也可以提供位置查询等特色服务。

推动大数据平台和5G技术的紧密结合，能够将游客的数据准确搜集起来，利用已经搜集到的数据，实时监测景区内游客的人数，对客流量峰值进行分析，完善安全预警等多种功能。同时，也能够将各种各样的旅游资源搜集起来，对其进行科学的分析与整合，从而更好地实现信息监控、信息反馈以及信息处理的目标，确保各种服务资源得到最优化配置，使得景区拥有更强的服务能力，提升其服务水平。在景区游客的人数越来越接近景区的最大承载人数时，需要在第一时间进行预警，对尚未进入景区的游客进行科学的

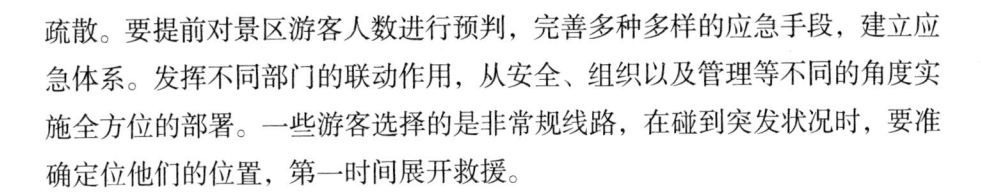

疏散。要提前对景区游客人数进行预判，完善多种多样的应急手段，建立应急体系。发挥不同部门的联动作用，从安全、组织以及管理等不同的角度实施全方位的部署。一些游客选择的是非常规线路，在碰到突发状况时，要准确定位他们的位置，第一时间展开救援。

四、服务营销优化

5G时代背景之下，数据量和之前相比有了明显的改变，数据以更快的速度更新。怎样对其中的信息进行准确提取，完善营销以及服务等相关工作，这些都值得我们进行深入的思考。

第一，利用5G技术，持续推进线上智慧旅游与线下联动，增强服务能力。持续推进线上与线下的结合，游客就能够享受到更为便捷、简单、个性化的"5G+AI"服务。在此基础上，详细分析游客的自我需要，通过大数据平台进行信息的挖掘，掌握游客的真实诉求，持续推进旅游产品的创新化发展，对各种各样的旅游资源进行调配。其他部门通过设备的使用完善旅游数据，持续推进数据中心的建设完善，真正实现5G数据服务的高水平建设发展。

第二，将精准营销与大数据技术结合起来，通过网络等渠道实施准确的传播。在5G时代背景下，移动互联网发展已经成为一个不可逆转的趋势，在人们生活中发挥的作用也将越来越大。从景区的建设特点出发，在移动互联网设备的支持下，持续扩大媒体影响，真正发挥出"旅游类App"等互联网平台的作用，利用相应的旅游管理平台，实现精准营销的目的。

全域旅游已经成为不可逆转的潮流，5G技术也在不断释放其能量，推进旅游业和5G技术的紧密结合将会成为未来发展的主流。

结束语

旅游业发展正在向着智慧旅游的方向迈进。经济建设的步伐不断加快，旅游者可以通过多种多样的渠道了解相应的旅游信息，同时，自主选择出最具价值的信息。现代技术发展的步伐不断加快，多种类型的旅游活动都需要借助于技术手段才能够更好地实现，可以说，我们已经进入了信息化旅游的崭新时代。从这一角度而言，景区要对自身的营销模式不断进行调整，更好地满足智慧旅游建设的基本诉求。对当下的景区服务展开系统的规划，使其与时代发展更好地结合起来。智慧旅游的发展需要景区从下述几个方面进行详细的规划：

（1）综合规划，依次实施。综合来看，智慧旅游开发是一项复杂的工程，需要加大资金投入。不管是哪一方面的误差都会为景区的发展带来不可逆的损失。从这一角度而言，在具体建设之前需要进行周密的部署。结合景区的实际分阶段进行目标制定，并有序落实。

（2）构筑系统的标准体系。从建设的过程来看，要将多种资源有效整合起来，在统一标准的引导下强化协调性，然后汇聚多方力量，真正形成规模效益，让景区品牌建设更具生命力。要想建立完善的标准体系，首先要进行科学的研究。各个景区要从现实状况出发，综合未来发展的趋势，对互联网体系进行管理。从当下的资源来看，应构筑完善的智慧景区系统，对景区的资源进行更加有效地开发。

（3）突出重点。随着智慧景区发展的不断深化，需要综合多种多样的资源进行系统建设，从这一维度来讲要将所有的体系覆盖其中。要结合景区的现实状况，逐渐推进智慧景区建设计划。要对多种项目资源进行优化建设，然后不断延伸。如此一来，景区的资源能够被综合起来，构筑系统的景区资源保护体系，才能在最短的时间内创造更多的生态效益、社会效益，更好地推进景区持续发展。

结束语

（4）立足市场，不断创新。在建设智慧景区的过程中，要着眼于现实，系统开展市场客户群的需求分析。从消费者的诉求出发，确保开发的针对性，提升游客的满意度，有效抢占市场先机。从建设的过程来看，要不断进行创新，对于国外的一些经验进行有效借鉴，更好地推进旅游服务与资源保护的紧密结合，实现良性互动与发展，有助于景区拥有更为和谐的环境体系。

智慧景区立足于游客的维度，其目的在于为顾客提供高品质的服务。发挥互联网技术的优势，在旅游的同时利用多种多样的客户端，真正破解旅游当中的诸多难题。当下，云计算、物联网建设不断发展和成熟，这些都是我国技术建设的优势所在。随着高新技术对景区建设产生的影响力不断扩大，景区建设越来越向着综合性与科学化的方向发展，这些都有助于提升旅游文化产业的发展质量。随着智慧景区建设完善程度的不断提高，要结合景区的实际加大开发力度，发挥先进理念的带动作用，将不同的资源整合起来，更好地推进景区良性发展。

参考文献

[1] 余世斌. 景区规划建设方面的探讨[J]. 工程与建设, 2021, 35(02): 224-225.

[2] 韩业亮, 李绍华. 乡村振兴视角下的旅游景区规划设计与运用[J]. 工业建筑, 2022, 52(06): 231.

[3] 湛泳, 李珊. 智慧城市建设、创业活力与经济高质量发展——基于绿色全要素生产率视角的分析[J]. 财经研究, 2022, 48(01): 4-18.

[4] 刘伟丽, 刘宏楠. 智慧城市建设推进企业高质量发展的机制与路径[J]. 深圳大学学报(人文社会科学版), 2022, 39(01): 95-106.

[5] 于扬, 夏德峰. 智慧城市建设对营商环境的影响研究[J]. 经济经纬, 2022, 39(01): 24-35.

[6] 胡星辰. 智慧城市建设对城市经济增长的影响[J]. 宁夏大学学报(人文社会科学版), 2022, 44(01): 85-92.

[7] 方卫华, 绪宗刚. 智慧城市: 内涵重构、主要困境及优化思路[J]. 东南学术, 2022(02): 84-94.

[8] 陈鹏. 智慧城市建设面临的现实困境与优化路径[J]. 宁夏党校学报, 2022, 24(01): 93-101.

[9] 常丁懿, 石娟, 郑鹏. 中国5G新型智慧城市: 内涵、问题与路径[J]. 科学管理研究, 2022, 40(02): 116-123.

[10] 张凌云. 非惯常环境: 旅游核心概念的再研究[J]. 旅游学刊, 2009, 24(7): 12-17.

[11] 李蕾蕾. 旅游地形象策划: 理论与实务[M]. 广州: 广东旅游出版社, 1999: 13-21.

[12] 胡拥军. 智慧城市的发展现状、问题诊断与经验总结[J]. 中国信息化, 2014: 20-23.

[13] 张永民, 杜忠潮. 我国智慧城市建设的现状及思考[J]. 中国信息界, 2011(02): 28-32.

[14] 杨晓红. 基于智慧城市建设的智慧旅游发展研究[J]. 东方企业文化, 2014(2): 168-169.

[15] 任瀚. 智慧旅游定位论析[J]. 生态经济, 2013(4): 142-145.

[16] 李庆雷, 白廷斌. 论旅游经济的有智增长模式[J]. 四川师范大学学报(社会科学版), 2012, 39(5): 102-109.

[17] 王清荣, 秦胜忠. 智慧旅游与桂林国际旅游胜地核心竞争力的提升[J]. 社会科学家, 2014(5): 102-106.

[18] 林崇德, 扬治良, 黄希庭. 心理学大辞典[M]. 上海: 上海出版社, 2003: 1704.

[19] 黄超, 李云鹏. "十二五"期间"智慧城市"背景下的"智慧旅游"体系研究[C].2011《旅游学刊》中国旅游研究年会会议论文集, 2011: 60-73.

[20] 莫琨. 智慧旅游的安全威胁与对策探讨[J]. 旅游纵览, 2013(2): 302-303.

[21] 金卫东. 智慧旅游与旅游公共服务体系建设[J]. 旅游学刊, 2012, 27(2): 5-6.

[22] 翁钢民, 李维锦. 智慧旅游与区域旅游创新发展模式构建——以秦皇岛为例[J]. 城市发展研究, 2014, 21(5): 35-38.

[23] 梁昌勇, 马银超, 路彩红. 大数据挖掘: 智慧旅游的核心[J]. 开发研究, 2015(5): 134-139.

[24] 李云鹏, 胡中州, 黄超, 等. 旅游信息服务视阈下的智慧旅游概念探讨[J]. 旅游学刊, 2014, 29(5): 106-115.

[25] 邓辉. "智慧旅游"认知重构[J]. 中南民族大学学报(人文社会科学版), 2015, 35(4): 33-38.

[26] 李京颐, 李云鹏, 宁泽群, 等. 理性选择视阈下的智慧旅游概念及内涵[J]. 旅游导刊, 2021, 5(05): 22-32.

[27] 黎忠文, 唐建兵. "数据流动"视角下智慧旅游公共服务基本理论问题探讨[J]. 四川师范大学学报(社会科学版), 2015, 42(1): 48-53.

[28] 王辉, 金涛, 周斌, 等. 智慧旅游[M]. 北京: 清华大学出版社, 2012: 21.

[29] 黄思思. 国内智慧旅游研究综述[J]. 地理与地理信息科学, 2014, 30(2): 97-101.

[30] 吴洪梅. 大数据背景下智慧旅游管理模式的构建[J]. 现代企业, 2022(2): 33-34.

[31] 张凌云. 智慧旅游: 个性化定制和智能化公共服务时代的来临[J]. 旅游学刊, 2012, 27(2): 3-5.

[32] 高振发，刘加凤. 智慧城市背景下智慧旅游基本内涵的诠释 [J]. 宁波职业技术学院学报，2013，17(5)：70-73.

[33] 李萌. 基于智慧旅游的旅游公共服务机制创新 [J]. 中国行政管理，2014 (6)：64-68.

[34] 乔向杰. 智慧旅游赋能旅游、IP 高质量发展 [J]. 旅游学刊，2022，37 (2)：10-12.

[35] 吴洪梅. 大数据背景下智慧旅游管理模式的构建 [J]. 现代企业，2022(2)：33-34.

[36] 曲凯. 大数据在全域旅游智慧营销应用上的探讨 [J]. 旅游学刊，2017，32(10)：9-10.

[37] 张建涛，王洋. 大数据背景下智慧旅游管理模式研究 [J]. 管理现代化，2017，37(2)：55-57.

[38] 付业勤，郑向敏. 我国智慧旅游的发展现状及对策研究 [J]. 开发研究，2013(4)：4.

[39] 姜漓. 广西特色旅游名县智慧旅游策略研究——以阳朔县为例 [J]. 中国经贸导刊，2018(26)：3.

[40] 王建军. 广州智慧旅游评价指标体系构建研究 [J]. 中国集体经济，2020(32)：2.

[41] 肖映琴，高佳伟，谢昊朋，等. 5G 影响下 VR 与高铁旅游的融合研究 [J]. 特区经济，2020(11)：5.

[42] 薛涛，刘潇潇，纪佳琪. 基于云计算虚拟化技术的旅游信息平台设计 [J]. 现代电子技术，2022，45(1)：176-180.

[43] 王建英，张利. 中国智慧城市旅游便利性评价的理论与实证 [J]. 地理与地理信息科学，2021，37(6)：113-119.

[44] 邵宇航. "互联网＋全域智慧旅游"发展模式探析——以"一部手机游云南"App 为例 [J]. 今传媒，2019，27(5)：77-79.

[45] 罗成奎. 智慧旅游视角的合肥市云旅游发展研究 [J]. 现代交际，2021(22)：251-253.

[46] 姚国章. "智慧旅游"的建设框架探析 [J]. 南京邮电大学学报 (社会科学版)，2012，14(2)：13-16，73.

[47] 韩林. 基于体验经济下的智慧景区信息化产品创新研究 [J]. 旅游论坛，

2014，7（6）：70-73.

[48] 庞世明，王静. "互联网+"旅行社：商业模式及演变趋势[J]. 旅游学刊，2016，31（6）：10-12.

[49] 张红梅，梁昌勇，徐健. 智慧旅游云服务概念模型及服务体系研究[J]. 北方民族大学学报（哲学社会科学版），2016（1）：138-141.

[50] 姚国章，赵婷. 利用云计算技术推进智慧旅游发展研究[J]. 电子政备，2013（4）：79-86.

[51] 林著飞. 旅游目的地智慧营销的理论与方法[J]. 旅游研究，2014，6（2）：56-61.

[52] 唐玮，张蓉. 贵州省智慧旅游体系的发展初探[J]. 旅游纵览（下半月），2018（10）：138-140.

[53] 乔华. 基于智慧广电打造智慧景区的实践探索——以黎里古镇智慧旅游综合服务平台为例[J]. 中国有线电视，2021（8）：820-822.

[54] 李婷婷. 大数据背景下智慧旅游管理模式探究[J]. 当代旅游，2021，19（7）：35-36.

[55] 郭又荣. 智慧旅游何以更加"智慧"[J]. 人民论坛，2019（8）：76-77.

[56] 沈荣华. 论政府公共服务机制创新[J]. 北京行政学院学报，2004（5）：12-16.

[57] 郁建兴，吴玉霞. 公共服务供给机制创新：一个新的分析框架[J]. 学术月刊，2009，41（12）：12-18.

[58] 李爽，黄福才，李建中. 旅游公共服务：内涵，特征与分类框架[J]. 旅游学刊，2010（4）：7.

[59] 刘德谦. 关于旅游公共服务的一点认识[J]. 旅游学刊，2012，27（1）：3-4.

[60] 刘军林，范云峰. 智慧旅游的构成、价值与发展趋势[J]. 重庆社会科学，2011（10）：121-124.

[61] 杜鹏，杨蕾. 智慧旅游系统建设体系与发展策略研究[J]. 科技管理研究，2013，33（23）：44-49.

[62] 赖亚寒. "智慧旅游"系统架构与设计[J]. 移动信息，2016（6）：2.

[63] 阮立新. 基于利益相关者诉求的景区智慧旅游框架体系构建[J]. 南京师大学报（自然科学版），2017，40（3）：159-165.

[64] 沈建华. 基于5G技术下的智慧旅游应用[J]. 信息与电脑（理论版），2021，

33(21)：190-193.

[65] 谢镕键, 何绍华. 旅游网络信息生态系统中的协同信息服务 [J]. 现代情报, 2016, 36(11)：71-75.

[66] 张秀英. 信息生态视角下智慧旅游构建与发展路径研究 [J]. 经济问题, 2018(5)：124-128.

[67] 徐岸峰, 任香惠, 王宏起. 数字经济背景下智慧旅游信息服务模式创新机制研究 [J]. 西南民族大学学报（人文社会科学版）, 2021, 42 (11)：31-43.

[68] 葛晓滨, 章义刚. 智慧旅游系统的技术框架及其主要应用技术分析 [J]. 皖西学院学报, 2014, 30(2)：32-35.

[69] 龙江智. 旅游目的地营销：思路和策略 [J]. 东北财经大学学报, 2005(5)：55-57.

[70] 林若飞. 旅游目的地智慧营销的理论与方法 [J]. 旅游研究, 2014, 6 (2)：56-61.

[71] 姜漓, 连云凯, 龙斌. 广西智慧旅游网络营销体系研究 [J]. 现代商业, 2018(34)：28-29.

[72] 谭莉, 费文美. 智慧旅游环境下智慧营销模式的构建与应用 [J]. 质量与市场, 2021(13)：131-133.

[73] 李晓华. 智慧旅游视域下江西文旅企业线上营销能力提升策略分析 [J]. 产业创新研究, 2021(19)：60-62.

[74] 张昊, 任静. 智慧旅游信息服务平台设计研究 [J]. 信息技术与信息化, 2021(12)：68-71.

[75] 王谦. 智慧旅游公共服务平台搭建与管理研究——基于物联网模式下的分析 [J]. 西南民族大学学报（人文社会科学版）, 2015, 36(1)：145-149.

[76] 刘豹, 许树柏, 赵焕臣, 等. 层次分析法——规划决策的工具 [J]. 系统工程, 1984(2)：23-30.

[77] 谭学瑞, 邓聚龙. 灰色关联分析：多因素统计分析新方法 [J]. 统计研究, 1995(3)：46-48.

[78] 高艳, 于飞. 一种用于综合评价的主成分分析改进方法 [J]. 西安文理学院学报（自然科学版）, 2011, 14(1)：4.

[79] 刘利宁. 智慧旅游评价指标体系研究 [J]. 科技管理研究, 2013, 33(6)：5.

[80] 岳婧雅. 基于信息技术的智慧旅游体验平台搭建与管理创新模式研究 [J]. 管理现代化, 2017, 37(2): 41-43, 77.

[81] 袁尧清, 任佩瑜. 产业融合域的旅游产业结构升级机制与路径 [J]. 山东社会科学, 2016(1): 119-123.

[82] 海南. 智慧旅游成全国多地旅游规划重点内容 [J]. 中国投资 (中英文), 2012(24): 3.

[83] 宋黎娜. 基于大数据背景下智慧旅游管理模式探讨 [J]. 经济研究导刊, 2021(30): 152-154.

[84] 李梦. "智慧旅游"与旅游信息化的内涵、发展及互动关系 [A]. 中国旅游研究院. 2012 中国旅游科学年会论文集 [C]. 北京, 2012: 211-227.

[85] 刘圆圆. 文化和旅游部: 国有景区年底全部实现在线预约预订 [N]. 人民政协报, 2021-09-03(009).

[86] 张建平. 新区以智慧城市建设铺开"数字化"转型之路 [N]. 兰州日报, 2021-08-25(008).

[87] 鲁娜. 智慧旅游适老化改造"一直在路上" [N]. 中国文化报, 2022-01-13(006).

[88] 吴丽云. 实施国家智慧旅游建设工程助力旅游业高质量发展 [N]. 中国旅游报, 2022-01-18(003).

[89] 国务院. "十四五"旅游业发展规划 [N]. 中国旅游报, 2022-01-21(002).

[90] 王兴斌. "智慧"旅游, 还是"智能"旅游? [N]. 中国旅游报, 2012-04-20(011).

[91] 高妍. 生态工业园区评价指标体系与评价方法研究 [D]. 哈尔滨: 哈尔滨工程大学硕士学位论文, 2007: 21.

[92] 刘利宁. 智慧旅游因子分析评价与对策研究 [D]. 太原: 太原理工大学硕士学位论文, 2013: 14.

[93] 马海龙, 杨建. 智慧旅游 [M]. 银川: 宁夏人民教育出版社, 2017.

[94] 胡劲军. 智慧旅游 [M]. 北京: 清华大学出版社, 2012.

[95] 马海龙, 杨建莉. 智慧旅游导论 [M]. 银川: 宁夏人民教育出版社, 2020.

[96] 刘军林, 谭舒月. 智慧旅游产业融合发展研究 [M]. 武汉: 华中科技大学出版社, 2018.

[97] 陆均良, 宋夫华. 智慧旅游新业态的探索与实践 [M]. 杭州: 浙江大学出

版社，2017.

[98] 吴国清，申军波. 智慧旅游发展与管理 [M]. 上海：上海人民出版社，2017.

[99] 张华，李凌. 智慧旅游管理与实务 [M]. 北京：北京理工大学出版社，2017.

[100] 孙艳红，徐真真. 城市智慧旅游建设体系及发展路径研究 [M]. 北京：中国经济出版社，2017.

[101] 鲍润华. 智慧旅游理论与实践研究 [M]. 成都：电子科技大学出版社，2017.

[102] 吴良镛. 国际建协《北京宪章》：建筑学的未来 [M]. 北京：清华大学出版社，2002.

[103] 任运伟，侯琳. 旅游景区规划原理与实务 [M]. 北京：北京理工大学出版社，2021.

[104] 钟泓，韦家瑜. 景区规划原理与实务 [M]. 北京：中国旅游出版社，2012.

[105] 周武忠. 旅游景区规划研究 [M]. 上海：上海交通大学出版社，2019.

[106] 万跃龙，万方方，刘义隆. 旅行的思想：原生态旅游景区规划、管理与市场 [M]. 武汉：湖北科学技术出版社，2012.

[107] 李云鹏，晁夕，沈华玉. 智慧旅游：从旅游信息化到旅游智慧化 [M]. 北京：中国旅游出版社，2013.

[108] 谢朝栋. 旅游景区新媒体营销策略研究 [D]. 南京：南京师范大学，2014.

[109] 余会. 旅游购物感知风险影响因素研究 [D]. 成都：西南交通大学硕士学位论文，2010.

[110] 郝柘淞. 关于景区发展旅游购物的思考 [J]. 旅游纵览（下半月），2016（10）：20.

[111] 邹亮. 关于旅游景区发展旅游购物的思考 [J]. 贵州商业高等专科学校学报，2007(01)：69-71.

[112] 刘怡然，胡静，贾垚焱，等. VR 旅游项目的游客感知研究——以上海迪士尼度假区为例 [J]. 旅游研究，2020，12(5)：70-83.